# 골빈해커의 3분 딥러닝 텐서플로맛

김진중 지음

# 골빈해커의 3분 딥러닝

텐서플로 코드로 맛보는 CNN, AE, GAN, RNN, DQN (+ Inception)

**초판 1쇄 발행** 2017년 09월 25일
**초판 5쇄 발행** 2019년 11월 01일

**지은이** 김진중 / **펴낸이** 김태헌
**펴낸곳** 한빛미디어(주) / **주소** 서울시 서대문구 연희로2길 62 한빛미디어(주) IT출판부
**전화** 02-325-5544 / **팩스** 02-336-7124
**등록** 1999년 6월 24일 제10-1779호 / **ISBN** 979-11-6224-013-7  93000

**총괄** 전정아 / **책임편집** 이상복 / **기획 · 편집** 이복연 / **진행** 최현우
**디자인** 표지 · 내지 김미현 캐릭터 일러스트 유준호 조판 이경숙
**영업** 김형진, 김진불, 조유미 / **마케팅** 박상용, 송경석, 조수현, 홍혜은, 이행은 / **제작** 박성우, 김정우

이 책에 대한 의견이나 오탈자 및 잘못된 내용에 대한 수정 정보는 한빛미디어(주)의 홈페이지나 아래 이메일로
알려주십시오. 잘못된 책은 구입하신 서점에서 교환해 드립니다. 책값은 뒤표지에 표시되어 있습니다.

**한빛미디어 홈페이지** www.hanbit.co.kr / **이메일** ask@hanbit.co.kr

지금 하지 않으면 할 수 없는 일이 있습니다.
책으로 펴내고 싶은 아이디어나 원고를 메일(writer@hanbit.co.kr)로 보내주세요.
한빛미디어(주)는 여러분의 소중한 경험과 지식을 기다리고 있습니다.

골빈해커의

# 3분 딥러닝

## 텐서플로맛

김진중 지음

**IIB 한빛미디어**
Hanbit Media, Inc.

딥러닝을 공부하는 입장에서 꽤 많은 원서와 국내 번역서와 자료를 읽어보았지만, 핵심을 이렇게 간결하게 실용적으로 잘 풀어놓은 자료를 본 적이 없습니다. 다른 시적들이 보통 CNN 모델 설명끼지만 미무르는 데 반해 이 책은 RNN, DQN, 오토인코더까지 주요한 딥러닝 모델을 실용적인 예제로 접근하기 때문에 딥러닝을 공부하는 사람들에게 좋은 방향을 제시해줍니다. 딥러닝을 시작하는 사람이라면 반드시 책꽂이에 한 권쯤 꽂혀 있어야 하는 책이라고 강력하게 추천합니다.

**조병욱**(조대협), 구글코리아 클라우드 엔지니어
『(조대협의 서버 사이드) 대용량 아키텍처와 성능 튜닝』 저자

"인공지능은 새 시대의 전기다." 딥러닝의 세계 최고 권위자 앤드류 응 박사는 바이두를 떠나며 AI의 미래 가치를 이렇게 표현했습니다. AI는 더 이상 소수의 과학자를 위한 연구가 아니라 전기처럼 일상에서 누구나 편하게 사용할 수 있는 기술로 다가왔다는 얘기입니다.

실제로 이 책은 AI의 핵심인 딥러닝이 누구나 편하게 사용할 수 있는 전기와 같은 기술이란 걸 잘 설명합니다. 이미지 인식의 은총알인 CNN, 2016년 가장 뜨거운 감자였던 GAN, 자연어 인식을 대표하는 RNN, 알파고로 대표되는 구글 딥마인드의 DQN까지... 처음 보면 다소 어려운 약어지만, 이 책의 예제 코드를 천천히 따라 해보면 누구나 어렵지 않게 인공지능 분야를 대표하는 기술이 실제로 어떤 것인지를 친절한 설명을 통해 쉽게 이해할 수 있습니다.

이 책의 마지막 장까지 읽은 후 저는 앤드류 응의 말에 더욱더 동의하게 되었습니다. 이 책은 전기를 잘 활용하려는 여러분에게 좋은 길잡이가 되어줄 것이라 확신합니다.

**박상길**, 카카오 신규검색개발TF장

이렇게 재미있게 딥러닝에 접근할 수도 있구나 하는 생각이 들었습니다. 너무 가볍지도 않고 지나치게 학술적이지도 않습니다. 하나씩 만들어보는 과정과 잘 짜여진 코드는 이 분야를 처음 시작하는 분들께 하나의 이정표가 되리라 생각합니다.

**서민구**, 구글코리아 소프트웨어 엔지니어
『R을 이용한 데이터 처리&분석 실무』 저자

코드 중심의 구체적인 설명과 어렵지 않은 용어로 기본 개념 정립까지!
딥알못 개발자가 딥러닝의 바다로 출항할 때 지침이 되는 책입니다. 이제 곧 딥러닝의 세계로 뛰어들어야 하는 제 와이프 님께도 꼭 권하고 싶네요!

**하정우**, 네이버 클로바 AI연구팀장

2016년 알파고가 전 세계에 충격을 던졌을 때, 저 역시 굉장한 충격을 받았습니다. 저는 알파고가 지거나, 이겨도 근소하게 이길 줄 알았거든요. 그때 머신러닝과 딥러닝을 빨리 배워야겠다고 생각하고, 기회가 되어 두 달가량 휴직하고 딥러닝을 공부하기 시작했습니다.

그런데 공부하려고 구매한 책과 강좌 대부분이 컴퓨터 과학을 전공하는 석박사 과정의 학생이나 전문 연구자를 대상으로 쓰여 있었습니다. 수식으로 가득 차 있었다는 얘기죠. 수식에 익숙하지 않은 저는 내용의 상당 부분을 이해할 수 없었습니다.

한동안 좌절하던 중, 텐서플로 예제나 한번 돌려보자 싶더군요. 그런데 예제들을 돌려보고 나니까 강좌들이 어느 정도 이해가 되는 것이었습니다! 그래서 깨달았죠. "아, 나 같은 사람은 코드로 먼저 공부하는 게 좋겠다!"

그리하여 일단 책을 덮어두고 텐서플로로 구현된 딥러닝 모델들을 찾아서 공부하기 시작했습니다. 그런데 또 문제가 생겼습니다. 구현된 코드들이 너무 장황하다는 것이었습니다. 텐서플로 공식 사이트의 예제들조차 말이죠. 아마도 전공자들이 구현해서 그런 게 아닌가 싶었습니다.

이 문제를 해결하고자 모델을 이해하는 데 핵심이 되는 부분이 잘 드러나는 형태로 아주 간단하게 재구현해보았고, 저 같은 사람들을 위해 깃허브에 공개하였습니다(https://github.com/golbin/TensorFlow-Tutorials). 그리고 어쩌다 보니 CNN, GAN, RNN, DQN까지 가장 기본이 되는 개념을 담은 딥러닝 모델들 대부분을 구현하게 되었고, 이후 좋은 기회가 닿아 이렇게 책으로도 내게 되었습니다.

이러한 배경으로 만들어진 이 책은, 이론에 대한 깊은 이해와 정확한 구현보다는 딥러닝의 다양한 모델에 대한 기초 개념과 텐서플로의 기본 사용법 학습에 초점을 두었습니다. 그리고 빠르게 코드부터 작성하고 체험해보는 것을 목표로 하였습니다.

즉, 이 책은 딥러닝/머신러닝을 배우고 싶지만 수식만 나오면 울렁거려서 책을 덮는 저 같은 프로그래머에게 가장 적합합니다. 수식은 단 하나만 나오거든요. 그것조차 $y = X * W + b$입니다. :-) 더불어 딥러닝/머신러닝을 공부하는 학생이나 연구자, 혹은 이론을 먼저 공부한 개발자 중 텐서플로를 써보고 싶은 분께도 좋은 가이드가 되리라 생각합니다.

다양한 프로그래밍 언어를 설계하거나 DBMS를 설계하고 구현하는 사람이 있는가 하면, 그것들을 이용해 웹 서비스나 앱을 만드는 사람도 있습니다. 지금까지는 딥러닝이 프로그래밍 언어나 DBMS를 연구하고 구현하는 단계에 있었다면, 이제는 그것들을 이용해 실세계에 유용한 머신러닝/딥러닝 프로그램을 만드는 시대가 왔다고 생각합니다. 또한, 앞으로 머신러닝은 지금의 DB처럼 애플리케이션을 만들려면 당연히 써야 하는 구성요소가 되어, 프로그래머라면 당연히 알아야 할 기본지식처럼 될 것으로 생각합니다.

머신러닝 프로그래밍의 패러다임은 기존의 프로그래밍과는 매우 다릅니다. 기존 프로그래머의 일이 컴퓨터에게 일하는 방법을 일일이 알려주는 것이었다면, 머신러닝 시대에는 컴퓨터에게 일하는 방법을 '학습하는 방법'을 알려주는 것이 될 것입니다. 이 책으로 머신러닝 시대의 프로그래밍 패러다임이 어떻게 바뀌게 될지 조금이나마 느끼게 되기를 바랍니다.

## 이 책의 구성

1장. 인공지능, 머신러닝, 딥러닝(인공신경망)을 간략히 소개합니다. 그리고 딥러닝 학습에 왜 텐서플로가 좋은지 이야기합니다.

2장. 텐서플로 설치 방법과 주피터 노트북을 소개합니다.

3장. 텐서플로 프로그래밍의 기본 개념을 알아보고, 간단한 선형 회귀 모델을 만들어봅니다.

4장. 기초적인 신경망과 다층 신경망 모델을 만들어봅니다.

5장. 텐서플로의 커다란 장점인 텐서보드 사용법을 알아보고, 학습시킨 모델을 저장하고 재사용하는 방법을 배워봅니다.

6장. 머신러닝 학습의 Hello World와 같은 MNIST(손글씨 숫자 인식) 문제를 신경망으로 풀어봅니다.

7장. 이미지 처리 분야에서 가장 유명한 신경망 모델인 CNN을 이용하여 인식률이 더 높은 모델을 만들어봅니다.

8장. 대표적인 비지도 학습 방법인 오토인코더를 사용해봅니다.

9장. 2016년에 가장 많은 관심을 받은 신경망 모델인 GAN을 구현해봅니다.

10장. 자연어 처리와 음성 처리 분야에 많이 사용되는 RNN의 기본적인 사용법을 익히고, 구글 기계번역에서 사용하는 Sequence to Sequence 모델을 이용하여 아주 간단한 번역 프로그램을 만들어봅니다.

11장. 구글에서 개발한, 이미지 인식에 매우 뛰어난 신경망 모델인 Inception을 사용해봅니다.

12장. 구글의 딥마인드(알파고 개발사)에서 개발한 강화학습 모델인 DQN을 구현해봅니다. 이 장에서는 신경망 모델을 조금 실전적인 형태로 사용합니다. 따라서 조금 복잡해 보일 수 있습니다만, 핵심 부분을 최대한 분리해뒀으니 충분히 따라 할 수 있을 것입니다.

## 효과적으로 읽으려면...

새로운 프로그래밍 언어나 라이브러리를 학습하는 가장 좋은 방법은 무엇일까요? 저는 긴 설명을 읽기보다는 직접 코드를 입력해가면서 배우는 것이 가장 쉽고 재미있는 방법이라고 생각합니다.

그래서 이 책은 독자 옆에 앉아 '함께 코딩해가며' 빠르게 설명한다는 느낌으로 썼습니다. 코드는 설명 흐름에 맞춰 필요한 만큼씩 보여주며, 전체 코드를 마지막에 제시합니다. 이론은 큰 그림을 이해할 정도로만 알려드리고, 코드도 세세한 부분까지 설명하지는 않습니다. 우선은 큰 그림과 동작하는 코드를 손에 넣은 후, 텐서플로 API 문서를 참고해 코드를 주물러보며 텐서플로와 친해져 보세요.

각 절의 마지막에는 주석이 거의 없는 전체 코드가 등장합니다. 주~욱 훑어보며 배운 걸 정리하고 제대로 이해했는지 점검해보기 바랍니다. 다음 그림처럼 각 코드 블록에 해당하는 본문 설명의 위치를 숫자로 연결해뒀으니 특정 코드가 이해되지 않을 때 활용하기 바랍니다.

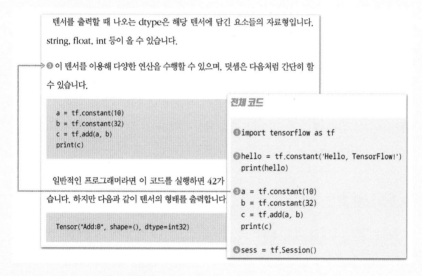

그림  전체 코드로부터 관련 설명 찾기

## 이 책을 마친 후

이 책의 목적은 다양한 딥러닝 모델의 개념을 익히는 것이므로 이론은 최대한 간략하게 소개하려 노력했습니다. 하지만 딥러닝을 본격적으로 사용하려면 이론도 같이 익히는 편이 좋을 것입니다.

이 책을 마친 후에 딥러닝을 더 공부하고 싶다면 다음 강좌와 책들을 참고하세요. 이론을 쉽게 설명해놓은 것들을 골라봤습니다.

- 모두를 위한 머신러닝/딥러닝 강의(https://hunkim.github.io/ml/)
  홍콩과기대 김성훈 교수님 강좌로, 우리말 강좌뿐 아니라 영어 강좌까지 통틀어 최고로 쉽게 설명한 강좌입니다.
- 한양대 이상화 교수님의 선형대수학 강의(https://goo.gl/9wvZiR)
  딥러닝을 깊게 공부하려면 꼭 알아야 할 선형대수학을 짜임새 있게 설명한 강좌입니다.
- 앤드류 응 교수님의 머신러닝 강의(https://goo.gl/gg9iSd)
  머신러닝의 기초 강좌로, 머신러닝 강좌 중에 가장 유명하고 많은 추천을 받은 강좌입니다.
- 제프리 힌튼 교수님의 딥러닝 강의(https://goo.gl/GbC3qd)
  딥러닝 부활의 주역인 제프리 힌튼 교수님의 신경망 강좌입니다.
- 『신경망 첫걸음』(한빛미디어, 2017)
  신경망 이론을 가장 쉽게 설명한 책입니다.
- 『밑바닥부터 시작하는 딥러닝』(한빛미디어, 2017)
  신경망의 기초 이론을 코드로 쉽게 익힐 수 있게 해줍니다. 기초 이론을 조금 더 상세하게 익힐 수 있습니다.
- 마스터 알고리즘(비즈니스북스, 2016)
  주요 머신러닝 알고리즘의 기초 개념을 전문지식 없이도 쉽게 알 수 있습니다.
- 파이썬 라이브러리를 활용한 머신러닝(한빛미디어, 2017)
  다양한 머신러닝 알고리즘을 코드로 쉽게 배울 수 있습니다.

# 딥러닝과 텐서플로의 만남

# 딥러닝과 텐서플로의 만남

## 1.1 인공지능, 머신러닝 그리고 딥러닝

2016년 알파고의 등장 이후 갑자기 일반에 **인공지능**<sup>artificial intelligence</sup>이라는 단어가
급격히 회자되기 시작했습니다. 그리고 이 책의 주제인 딥러닝, 즉 인공신경망 역
시 굉장한 기세로 인터넷을 뒤덮기 시작했습니다. 인공신경망이 바로 알파고의
핵심 기술이기 때문이죠. 그럼 인공지능과 인공신경망은 어떻게 다른 것일까요?

인공지능에 대한 명확한 정의는 아직 없지만, 저는 인공지능은 관념에 가까운
것으로, 컴퓨터가 인간의 사고를 모방하는 모든 것을 뜻한다고 보고 있습니다. 그
리고 **머신러닝**<sup>machine learning</sup>은 개념으로써, 컴퓨터가 스스로 학습하는 것을 말합니
다. 특히 주어진 데이터를 이용해서 말이죠. 그리고 요즘 **딥러닝**<sup>deep learning</sup>으로 대표
되는 **인공신경망**<sup>artificial neural network</sup>은 머신러닝을 구현하는 기술의 하나로, 인간 뇌의
동작 방식에서 착안하여 개발한 학습 방법입니다.

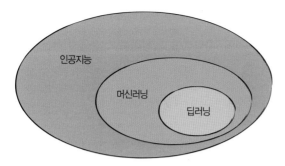

그림 1-1  인공지능 > 머신러닝 > 딥러닝

간단하게 예를 들어보겠습니다. [그림 1-2]의 위쪽처럼 기존의 인공지능인 **규칙기반 인공지능**rule-based AI이 바나나를 인식하도록 하려면 인간이 컴퓨터에 바나나를 식별하는 **특징**feature을 가르쳐줘야 했습니다. "길고, 노란색이고, 약간 휜 물체면 바나나야"라는 식이죠.

하지만 머신러닝의 학습 방식은 [그림 1-2]의 아래쪽과 같습니다. 바나나 사진을 주고 "이것이 바나나야"라고 하면 컴퓨터가 스스로 바나나의 특징을 학습합니다. "음, 바나나는 길고, 노란색이고, 휜 것이군"이라고 말이죠.

> **NOTE**  머신러닝에는 다양한 방법이 있지만, 간략히 설명하기 위해 약간 비약하였습니다. 참고로 이러한 방법을 end-to-end 학습이라고 하며, 딥러닝이 바로 이러한 방식으로 학습합니다.

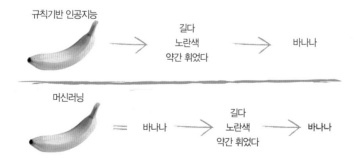

그림 1-2  규칙 기반과 머신러닝 기반의 바나나 인식

그러면 인공지능에 썰어놓은 바나나를 추가로 인식시키려면 어떻게 해야 할까요? 규칙기반 인공지능은 앞의 규칙에 "하얀색이고, 납작하고, 둥글다"라는 특징을 수작업으로 추가해줘야 합니다. 하지만 머신러닝은 썰어놓은 바나나 사진만 입력해주면 알아서 새로운 특징을 학습하고 인식할 수 있습니다.

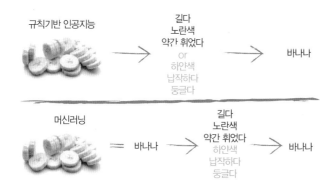

그림 1-3 썰어놓은 바나나를 인식하는 방법

즉, 풀고자 하는 문제가 복잡할수록 규칙기반 인공지능보다는 머신러닝을 이용한 인공지능이 문제를 훨씬 더 효율적으로 해결할 수 있으리라 예상할 수 있습니다. 인간이 모든 특징을 분석하고 알고리즘을 만들어서 입력하는 것보다, 컴퓨터가 직접 특징을 추출하는 쪽이 더 빠르고 정확하다면 말이죠.

그러나 머신러닝 역시 한계가 있었습니다. 인간도 파악하기 어려울 정도로 복잡한 문제는 머신러닝으로도 풀기가 어려웠습니다. 하지만 2012년의 ILSVRC라는 이미지 인식 대회에서 큰 사건이 일어나면서 판세가 급격히 바뀌기 시작했습니다.

ILSVRC는 **이미지넷**ImageNet이 제공하는 1,000여 카테고리로 분류된 100만 개의 이미지를 인식하여 그 정확도를 겨루는 대회입니다. 이 대회에서 2011년까지는 이미지 인식률이 75%를 넘지 못하였는데, 2012년 대회에서 인공신경망을 이용한 알렉스넷[AlexNet]이 무려 84.7%라는 놀라운 인식률을 달성합니다. 그 이후부터는 딥러닝을 이용한 인공지능이 상위 랭크를 모두 휩쓸었고, 매년 인식률이 높아져, 현재는 상당수의 도전자가 97%에 육박하는 인식률을 기록하고 있습니다. 이는 인간의 인식률인 95%를 훨씬 웃도는 수준입니다.

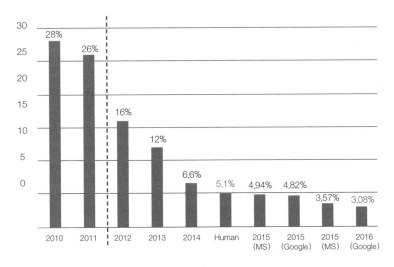

그림 1-4 ILSVRC 인식 오류율(100% – 인식률)

여기서 잠시, 사실 인공신경망은 이미 1940년대부터 연구되던 기술입니다. 그런데 이렇게 좋은 기술이 왜 지금에서야 부상하게 된 것일까요? 그것은 바로 빅데이터와 GPU의 발전, 그리고 다양한 딥러닝 알고리즘의 발명 덕분입니다.

앞서 말씀드렸듯이 머신러닝은 기본적으로 데이터에서 컴퓨터가 직접 특징을 추출하는 방식이기 때문에 데이터가 많으면 많을수록 더 좋은 특징들을 많이 발견하여 정확도를 높일 수 있습니다. 인터넷이 생겨나기 전에는 데이터를 수급하기가 어려웠지만, 인터넷이 폭발적으로 성장하면서 어마어마한 양의 데이터를 쉽게 수급할 수 있게 되어 데이터 문제가 해결되기 시작했습니다.

그리고 인공신경망은 수백만에서 수조 개로 이뤄진 아주 간단한 수식 계산을 수천 번 이상 해야 합니다. 예전에는 불가능하다고 여길 정도의 계산량이었으나, GPU의 병렬처리 능력을 활용하고 역전파 등의 알고리즘을 통해 계산량을 많이 줄일 수 있게 되면서 이 문제 역시 해결되기 시작했습니다. 지금은 일반 데스크톱으로도 간단한 이미지를 인식시키는 신경망은 어렵지 않게 학습시킬 수 있을 정도니까요(4장에서 더 자세하게 설명하겠습니다).

더불어, 수많은 연구자와 회사들이 다양한 온라인 교육 프로그램과 오픈 소스들을 대중에 공개하였고, 이를 통해 많은 사람이 연구에 참여하게 된 것도 딥러닝이 급속도로 발전하게 된 계기가 되었습니다.

물론 인공신경망으로 모든 것을 해결할 수는 없습니다. 딥러닝에는 일반적으로 매우 많은 데이터가 필요하기 때문이죠. 따라서 데이터가 적다면 딥러닝이 아닌 다른 머신러닝 알고리즘을 사용하는 것이 좋을 수 있습니다.

어쨌든 딥러닝 덕분에 인공지능과 머신러닝의 시대가 다시 열렸다는 사실은 부인할 수 없을 것입니다.

## 1.2 왜 텐서플로인가?

**텐서플로**TensorFlow는 머신러닝 프로그램, 특히 딥러닝 프로그램을 쉽게 구현할 수 있도록 다양한 기능을 제공해주는 머신러닝 라이브러리로, 모두가 잘 아는 구글에서 만들었습니다.

텐서플로 자체는 기본적으로 C++로 작성했지만 파이썬, 자바, 고Go 등 다양한 언어를 지원합니다. 다만, 파이썬을 최우선으로 지원하여 대다수 편의 기능이 파이썬 라이브러리로만 구현되어 있으니 되도록이면 파이썬으로 개발하는 것이 가장 편리합니다.

또한 윈도우, 맥, 리눅스뿐만 아니라 안드로이드, iOS, 라즈베리 파이 등 다양한 시스템에서 쉽게 사용할 수 있도록 지원하여 매우 다양한 곳에 응용할 수 있습니다.

물론 머신러닝/딥러닝을 위한 라이브러리로 텐서플로가 유일한 것은 아닙니다. 토치$^{Torch}$, 카페$^{Caffe}$, MXNet, 체이너$^{Chainer}$, CNTK 등 많은 라이브러리가 있습니다. 그렇다면 왜 텐서플로를 사용하는 것일까요? 제가 생각하는 답은 커뮤니티입니다. 특히 저 같은 엔지니어에게 있어서 라이브러리를 선택할 때 가장 중요한 기준은 커뮤니티라고 생각합니다. 실무에 적용했을 때 생기는 문제점들을 해결하거나, 라이브러리 자체에 버그가 있을 때 얼마나 빠르게 수정되는가 하는 그런 것들. 바로 그런 요인들이 실무를 하는 엔지니어에게는 가장 중요한 부분이라고 할 수 있을 것입니다.

그런 점에 있어 현존하는 머신러닝 라이브러리 중 커뮤니티가 가장 북적이는 것이 바로 텐서플로입니다. 깃허브의 텐서플로 저장소나 각종 애플리케이션, 클라우드 서비스 등은 물론, 새로운 논문이 나올 때마다 텐서플로로 된 구현체가 가장 먼저 나올 정도로 텐서플로 커뮤니티는 놀라울 만큼 활발하게 움직이고 있습니다.

그림 1-5  TensorFlow KR 페이스북 (2017년 8월 24일 현재 가입자 21,975명)

당연하게도 구글 역시 텐서플로 커뮤니티를 상당히 적극적으로 지원하며, 한국에서는 페이스북의 TensorFlow KR 커뮤니티가 매우 활발하게 활동하고 있습니다. 그러므로 한국에 계신 연구자분들, 특히 머신러닝과 딥러닝을 처음 접하는 엔지니어라면 텐서플로로 시작하는 것이 딥러닝을 더 수월하게 익히는 길이라고 생각합니다.

# 텐서플로 설치와 주피터 노트북

# 텐서플로 설치와 주피터 노트북

이 책은 파이썬 또는 기타 프로그래밍 언어를 어느 정도 아는 분을 대상으로 썼습니다. 따라서 설치 방법을 자세하게 설명하기보다는 어떠한 설치 방법들이 있는지, 그리고 이 책의 예제를 실행하는 데 필요한 라이브러리 설치를 중심으로 설명하겠습니다.

## 2.1 파이썬 및 필수 라이브러리 설치하기

이 책의 예제는 파이썬 3.6 버전과 텐서플로 1.2 버전을 기준으로 썼습니다. 따라서 파이썬 3.6을 설치해야 합니다(윈도우에서는 반드시 파이썬 3.5 이상, 64비트용을 사용해야 합니다).

맥, 리눅스, 윈도우 사용자 모두 다음 주소에서 파이썬을 내려받아 설치할 수 있습니다.

• https://www.python.org/downloads/

파이썬을 잘 설치했다면 텐서플로 설치는 매우 쉽습니다. 다음처럼 맥과 리눅스의 터미널 또는 윈도우의 명령 프롬프트에서 pip3 명령어를 사용하면 됩니다.

```
C:\> pip3 install --upgrade tensorflow
```

만약 엔비디아 GPU를 사용하고 있다면, 엔비디아 사이트에서 CUDA 툴킷을 설치한 뒤 다음의 명령어로 쉽게 GPU 가속을 지원하는 텐서플로를 설치할 수 있습니다(CUDA 툴킷 문서 http://docs.nvidia.com/cuda 참조).

```
C:\> pip3 install --upgrade tensorflow-gpu
```

그런 다음 이 책에서 사용하는 라이브러리들을 설치합니다.

```
C:\> pip3 install numpy matplotlib pillow
```

- numpy – 수치 계산 라이브러리
- matplotlib – 그래프 출력 라이브러리
- pillow – 이미지 처리 라이브러리

이 외에 홈브루Homebrew, 아나콘다Anaconda 또는 소스를 직접 빌드해서 설치하는 다양한 방법이 있습니다. 설치가 잘 안 되거나 더 다양한 방법들을 알고 싶다면 다음의 텐서플로의 공식 홈페이지에서 확인하세요.

- https://www.tensorflow.org/install

## 2.2 텐서플로 예제 내려받고 실행해보기

이 책의 모든 예제는 깃허브 저장소 https://github.com/golbin/ TensorFlow-Tutorials에 올려뒀습니다. 다음의 git 명령어로 소스코드 전체를 내려받거나, 압축 파일을 내려받아 적당한 위치에 풀어둡니다.

```
C:\> git clone https://github.com/golbin/TensorFlow-Tutorials.git
```

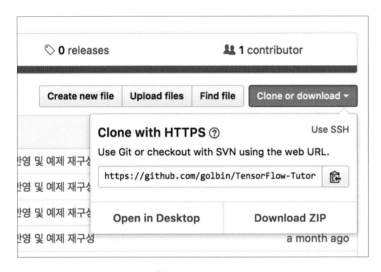

그림 2-1  깃허브에서 예제 소스 압축 파일 내려받기

그런 다음 터미널이나 명령 프롬프트에서 TensorFlow-Tutorials / 03 - TensorFlow Basic 위치로 이동한 뒤 다음 명령어를 실행해 파이썬과 텐서플로가 잘 설치되었는지 확인해봅니다.

```
C:\TensorFlow-Tutorials\03 - TensorFlow Basic> python3 "01 - Basic.py"
Tensor("Const:0", shape=(), dtype=string)
Tensor("Add:0", shape=(), dtype=int32)
```

```
b'Hello, TensorFlow!'
[10, 32, 42]
```

윈도우에서는 탐색기를 이용해 원하는 폴더로 이동한 뒤 Shift + 마우스 오른쪽 버튼을 누르면, '여기서 PowerShell 창 열기'라는 메뉴를 통해 쉽게 해당 폴더를 명령 프롬프트로 열 수 있습니다(구버전 윈도우에서는 '여기서 명령 창 열기'). 또한, 터미널이나 명령 프롬프트에서 파일명의 일부를 입력한 뒤 TAB 키를 누르면 파일 이름이 자동완성되니 참고해주세요.

---

**NOTE** 텐서플로 실행 시 다음과 같은 경고 메시지가 나올 수 있지만 텐서플로 실행에는 문제없으니 무시하셔도 됩니다.

```
2017-06-30 19:15:49.653301: W tensorflow/core/platform/cpu_feature_
guard.cc:45] The TensorFlow library wasn't compiled to use SSE4.2
instructions, but these are available on your machine and could speed
up CPU computations.
2017-06-30 19:15:49.653322: W tensorflow/core/platform/cpu_feature_guard.
cc:45] The TensorFlow library wasn't compiled to use AVX instructions,
but these are available on your machine and could speed up CPU
computations.
```

이 메시지가 보기 싫다면 터미널에서 다음 명령어를 실행해 경고 메시지를 없앨 수 있습니다.

```
export TF_CPP_MIN_LOG_LEVEL=2    // 리눅스, 맥
set TF_CPP_MIN_LOG_LEVEL=2       // 윈도우
```

---

## 2.3 주피터 노트북

**주피터 노트북**Jupyter Notebook은 웹브라우저상에서 파이썬 코드를 단계적으로 쉽게 실행하고, 시각적으로 빠르게 확인해볼 수 있도록 해주는 프로그램입니다(다른 프로그래밍 언어도 지원합니다).

주피터 노트북의 설치와 사용법은 매우 간단합니다. 먼저 설치는 일반적인 파이썬 패키지와 같이 pip3를 이용하면 됩니다.

```
C:\> pip3 install jupyter
```

그런 다음 프로젝트를 진행할 폴더의 터미널 또는 명령 프롬프트에서 다음 명령을 실행합니다.

```
C:\> jupyter notebook
```

그러면 웹브라우저가 열리면서 주피터 노트북이 실행될 것입니다.

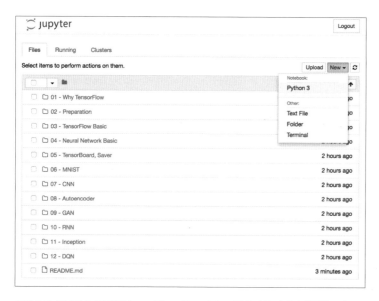

그림 2-2 주피터 노트북을 TensorFlow-Tutorials 저장소의 폴더에서 실행한 모습

주피터 노트북을 실행한 다음 오른쪽의 [New] → [Python 3] 메뉴를 눌러 새

프로젝트를 만들 수 있습니다.

새 프로젝트가 생성된 뒤, 파이썬 코드들을 넣고 Shift + Enter 를 치면 다음처럼 코드 조각들의 실행 결과를 쉽게 확인할 수 있습니다.

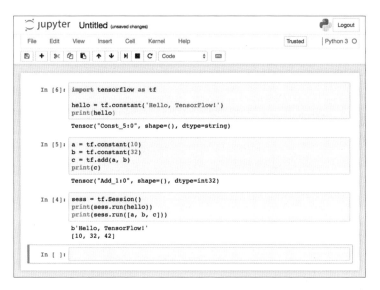

그림 2-3 주피터 노트북 사용 예

이처럼 주피터 노트북은 파이썬 코드를 반복해서 실행하고 중간중간 결과를 확인하기에 매우 좋은 프로그램입니다. 하지만 이 책은 기본적으로 명령 프롬프트에서 실행하는 것을 가정하므로 주피터 노트북에서는 실행되지 않는 경우도 있을 것입니다(그래프를 그리거나 실행이 오래 걸리는 경우 등). 이런 경우가 생기면 당황하지 말고 구글링을 하시면 쉽게 해결책을 찾을 수 있을 것입니다. 구글은 모든 엔지니어의 친구니까요.

CHAPTER **3**

# 텐서플로
## 프로그래밍
## 101

CHAPTER 3

# 텐서플로
## 프로그래밍
### 101

텐서플로는 딥러닝 프레임워크로 유명하지만, 사실 딥러닝용으로만 사용할 수 있는 것은 아닙니다. 텐서플로는 그래프 형태의 수학식 계산을 수행하는 핵심 라이브러리를 구현한 후, 그 위에 딥러닝을 포함한 여러 머신러닝을 쉽게 할 수 있는 다양한 라이브러리를 올린 형태입니다.

이를 위해 텐서플로는 일반적인 프로그래밍 방식과는 약간 다른 개념들을 포함합니다. 이번 장에서는 이러한 텐서플로를 사용하는 데 필요한 **텐서**<sup>tensor</sup>, **플레이스홀더**<sup>placeholder</sup>, **변수**<sup>variable</sup> 그리고 **연산**의 개념과 **그래프**를 실행하는 기본적인 방법을 배워보도록 하겠습니다.

## 3.1 텐서와 그래프 실행

새로운 프로그래밍 언어나 라이브러리를 학습하는 가장 좋은 방법은 무엇일까요? 서문에서도 이야기한 것처럼 설명을 읽기보다는 직접 코드를 입력해가면서 배우는 것이 가장 쉽고 재미있는 방법이라고 생각합니다. 지금부터 저와 함께 코딩하며 딥러닝과 텐서플로를 익혀보아요.

❶ 당연하겠지만 가장 먼저 텐서플로를 사용하기 위해 텐서플로 라이브러리를 임포트합니다.

```
import tensorflow as tf
```

❷ 다음은 tf.constant로 상수를 hello 변수에 저장하는 코드입니다. 텐서플로의 상수는 일반 프로그래밍 언어에서 써온 상수와 같다고 보면 됩니다.

```
hello = tf.constant('Hello, TensorFlow!')
print(hello)
```

여기까지 입력하고 소스코드를 실행하면 다음 결과를 보실 수 있습니다.

```
Tensor("Const:0", shape=(), dtype=string)
```

hello 변수의 값을 출력한 결과로, hello가 텐서플로의 **텐서**$^{Tensor}$라는 자료형이고, 상수를 담고 있음을 의미합니다.

텐서는 텐서플로에서 다양한 수학식을 계산하기 위한 가장 기본적이고 중요한 자료형이며, 다음과 같이 **랭크**$^{Rank}$와 **셰이프**$^{Shape}$라는 개념을 가지고 있습니다.

```
3 # 랭크가 0인 텐서; 셰이프는 []
[1. ,2., 3.] # 랭크가 1인 텐서; 셰이프는 [3]
[[1., 2., 3.], [4., 5., 6.]] # 랭크가 2인 텐서; 셰이프는 [2, 3]
[[[1., 2., 3.]], [[7., 8., 9.]]] # 랭크가 3인 텐서; 셰이프는 [2, 1, 3]
```

텐서 자료형의 형태는 배열과 비슷하다고 생각하면 됩니다. 보는 바와 같이 랭크는 차원의 수를 나타내는 것으로써, 랭크가 0이면 스칼라, 1이면 벡터, 2면 행렬, 3 이상이면 n-Tensor 또는 n차원 텐서라고 부릅니다. 그리고 셰이프는 각 차원의 요소 개수로, 텐서의 구조를 설명해줍니다.

텐서를 출력할 때 나오는 dtype은 해당 텐서에 담긴 요소들의 자료형입니다. string, float, int 등이 올 수 있습니다.

❸ 이 텐서를 이용해 다양한 **연산**을 수행할 수 있으며, 덧셈은 다음처럼 간단히 할 수 있습니다.

```
a = tf.constant(10)
b = tf.constant(32)
c = tf.add(a, b)
print(c)
```

일반적인 프로그래머라면 이 코드를 실행하면 42가 나올 것으로 생각할 수 있습니다. 하지만 다음과 같이 텐서의 형태를 출력합니다.

```
Tensor("Add:0", shape=(), dtype=int32)
```

그 이유는 텐서플로 프로그램의 구조가 다음의 두 가지로 분리되어 있기 때문입니다.

1 그래프 생성
2 그래프 실행

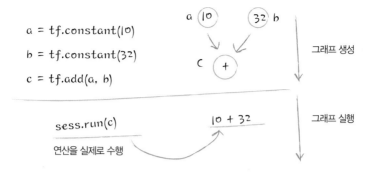

$a = tf.constant(10)$

$b = tf.constant(32)$

$c = tf.add(a, b)$

그래프 생성

sess.run(c)

연산을 실제로 수행

$10 + 32$

그래프 실행

**그림 3-1** 텐서플로 프로그램 구성

**그래프**는 간단하게 말해 텐서들의 연산 모음이라고 생각하면 됩니다. 텐서플로는 텐서와 텐서의 연산들을 먼저 정의하여 그래프를 만들고, 이후 필요할 때 연산을 실행하는 코드를 넣어 '원하는 시점'에 실제 연산을 수행하도록 합니다. 참고로 이러한 방식을 **지연 실행** lazy evaluation이라고 하며, 함수형 프로그래밍에서 많이 사용합니다.

이런 방식을 통해 실제 계산은 C++로 구현한 코어 라이브러리에서 수행하므로 파이썬으로 프로그램을 작성하지만 매우 뛰어난 성능을 얻을 수 있습니다. 또한 모델 구성과 실행을 분리하여 프로그램을 깔끔하게 작성할 수 있습니다.

❹ 그래프의 실행은 Session 안에서 이뤄져야 하며, 다음과 같이 Session 객체와 run 메서드를 이용하면 됩니다.

```
sess = tf.Session()

print(sess.run(hello))
print(sess.run([a, b, c]))

sess.close()
```

이제 코드를 실행하면 다음과 같이 기대한 계산 결과를 볼 수 있습니다.

```
b'Hello, TensorFlow!'
[10, 32, 42]
```

*전체 코드*

```
❶ import tensorflow as tf

❷ hello = tf.constant('Hello, TensorFlow!')
  print(hello)

❸ a = tf.constant(10)
  b = tf.constant(32)
  c = tf.add(a, b)
  print(c)

❹ sess = tf.Session()

  print(sess.run(hello))
  print(sess.run([a, b, c]))

  sess.close()
```

## 3.2 플레이스홀더와 변수

텐서플로로 프로그래밍할 때 알아야 할 가장 중요한 개념 두 개가 있다면 바로 플레이스홀더와 변수입니다.

❶ **플레이스홀더**는 그래프에 사용할 입력값을 나중에 받기 위해 사용하는 매개변수parameter라고 생각하면 됩니다. 그리고 **변수**는 그래프를 최적화하는 용도

로 텐서플로가(더 정확히는 학습 함수들이) 학습한 결과를 갱신하기 위해 사용하는 변수입니다. 이 변수의 값들이 바로 신경망의 성능을 좌우하게 됩니다.

아마 잘 이해되지 않는 분도 계실 텐데, 저 역시 처음 텐서플로를 접했을 때 가장 혼란스러웠던 개념입니다. 일종의 메타프로그래밍을 한다고 생각하면 되는데, 알고 보면 쉬운 개념이라 코드를 계속 따라가다 보면 곧 이해하실 수 있을 겁니다.

먼저 플레이스홀더는 다음과 같이 사용합니다.

```
# None은 크기가 정해지지 않았음을 의미합니다.
X = tf.placeholder(tf.float32, [None, 3])
print(X)
```

이 코드를 실행하면 다음과 같이 Placeholder라는 (?, 3) 모양의 float32 자료형을 가진 텐서가 생성된 것을 확인할 수 있습니다.

```
Tensor("Placeholder:0", shape=(?, 3), dtype=float32)
```

❷ 나중에 플레이스홀더 X에 넣을 자료를 다음과 같이 정의해볼 수 있습니다. 앞서 텐서 모양을 (?, 3)으로 정의했으므로, 두 번째 차원은 요소를 3개씩 가지고 있어야 합니다.

```
x_data = [[1, 2, 3], [4, 5, 6]]
```

❸ 다음은 변수들을 정의해보겠습니다.

```
W = tf.Variable(tf.random_normal([3, 2]))
b = tf.Variable(tf.random_normal([2, 1]))
```

각각 W와 b에 텐서플로의 변수를 생성하여 할당합니다. W는 [3, 2] 행렬 형태의 텐서, b는 [2, 1] 행렬 형태의 텐서로, tf.random_normal 함수를 이용해 **정규분포**normal distribution의 무작위 값으로 초기화합니다. 물론 다른 생성 함수를 사용하거나, 다음처럼 직접 원하는 텐서의 형태의 데이터를 만들어서 넣어줄 수도 있습니다.

```
W = tf.Variable([[0.1, 0.1], [0.2, 0.2], [0.3, 0.3]])
```

❹ 다음으로 입력값과 변수들을 계산할 수식을 작성해보겠습니다. X와 W가 행렬이기 때문에 tf.matmul 함수를 사용하여야 합니다. 행렬이 아닌 경우에는 단순히 곱셈 연산자(*)나 tf.mul 함수를 사용하면 됩니다.

```
expr = tf.matmul(X, W) + b
```

텐서플로 딥러닝을 하기 위해서 반드시 수학을 잘 알아야 하는 것은 아닙니다. 하지만 꼭 하나 알아야 하는 것이 있다면 행렬인데, 특히 그중 딱 하나! 다음의 **행렬곱** 정의는 알고 있는 것이 좋습니다([그림 3-2] 참조).

- 행렬곱 A×B에 대하여, 행렬 A의 열 수와 행렬 B의 행 수는 같아야 한다.
- 행렬곱 A×B를 계산한 행렬 AB의 크기는 A의 행 개수와 B의 열 개수가 된다.

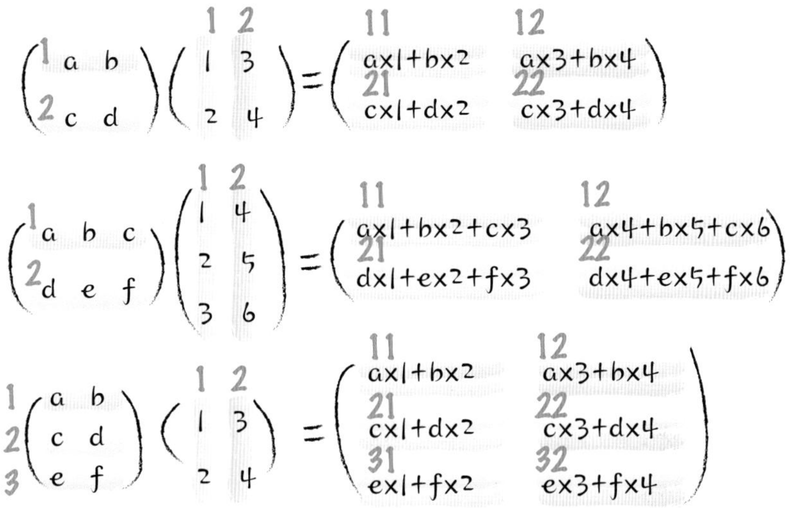

$$\begin{pmatrix} ^1 a & b \\ ^2 c & d \end{pmatrix} \begin{pmatrix} ^1 \ ^2 \\ 1 & 3 \\ 2 & 4 \end{pmatrix} = \begin{pmatrix} ^{11} ax_1+bx_2 & ^{12} ax_3+bx_4 \\ ^{21} cx_1+dx_2 & ^{22} cx_3+dx_4 \end{pmatrix}$$

$$\begin{pmatrix} ^1 a & b & c \\ ^2 d & e & f \end{pmatrix} \begin{pmatrix} ^1 \ ^2 \\ 1 & 4 \\ 2 & 5 \\ 3 & 6 \end{pmatrix} = \begin{pmatrix} ^{11} ax_1+bx_2+cx_3 & ^{12} ax_4+bx_5+cx_6 \\ ^{21} dx_1+ex_2+fx_3 & ^{22} dx_4+ex_5+fx_6 \end{pmatrix}$$

$$\begin{matrix} 1 \\ 2 \\ 3 \end{matrix} \begin{pmatrix} a & b \\ c & d \\ e & f \end{pmatrix} \begin{pmatrix} ^1 \ ^2 \\ 1 & 3 \\ 2 & 4 \end{pmatrix} = \begin{pmatrix} ^{11} ax_1+bx_2 & ^{12} ax_3+bx_4 \\ ^{21} cx_1+dx_2 & ^{22} cx_3+dx_4 \\ ^{31} ex_1+fx_2 & ^{32} ex_3+fx_4 \end{pmatrix}$$

그림 3-2 행렬곱

이 정의에 따라, 앞서 X에 넣을 데이터를 [2, 3] 형태의 행렬로 정의하였으므로, 행렬곱을 하기 위해서 W의 형태를 [3, 2]로 정의한 것입니다. 참고로 [2, 3] 행렬이라면 2가 행의 개수, 3이 열의 개수입니다.

❺ 이제 연산을 실행하고 결과를 출력하여, 설정한 텐서들과 계산된 그래프의 결과를 확인해보겠습니다.

```
sess = tf.Session()
sess.run(tf.global_variables_initializer())

print("=== x_data ===")
print(x_data)
print("=== W ===")
print(sess.run(W))
print("=== b ===")
print(sess.run(b))
```

```
print("=== expr ===")
print(sess.run(expr, feed_dict={X: x_data}))

sess.close()
```

두 번째 줄의 tf.global_variables_initializer는 앞에서 정의한 변수들을 초기화하는 함수입니다. 기존에 학습한 값들을 가져와서 사용하는 것이 아닌 처음 실행하는 것이라면, 연산을 실행하기 전에 반드시 이 함수를 이용해 변수들을 초기화해야 합니다.

11번째 줄의 feed_dict 매개변수는 그래프를 실행할 때 사용할 입력값을 지정합니다.

expr 수식에는 X, W, b를 사용했는데, 이중 X가 플레이스홀더라 X에 값을 넣어주지 않으면 계산에 사용할 값이 없으므로 에러가 납니다. 따라서 미리 정의해둔 x_data를 X의 값으로 넣어주었습니다.

```
# 실행결과
=== x_data ===
[[1, 2, 3], [4, 5, 6]]
=== W ===
[[-0.07072455  0.84648597]
 [-1.38593161 -1.2740159 ]
 [-0.89993954  3.10966372]]
=== b ===
[[-1.54107356]
 [ 0.46613392]]
=== expr ===
[[ -7.08347988   6.08637142]
 [-12.14605999  16.13998032]]
```

실행한 결과를 보면 X(즉 x_data)는 [2, 3], W는 [3, 2] 형태이고, 결괏값은 행과 열의 수가 각각 X의 행의 개수와 W의 열의 개수인 [2, 2] 형태임을 확인할 수 있습니다. 구체적인 수치는 책과 다를 텐데, 앞서 변수 W와 b를 무작위 값으로 초기화했기 때문입니다.

**전체 코드**

```
import tensorflow as tf

❶ X = tf.placeholder(tf.float32, [None, 3])
   print(X)

❷ x_data = [[1, 2, 3], [4, 5, 6]]

❸ W = tf.Variable(tf.random_normal([3, 2]))
   b = tf.Variable(tf.random_normal([2, 1]))

❹ expr = tf.matmul(X, W) + b

❺ sess = tf.Session()
   sess.run(tf.global_variables_initializer())

   print("=== x_data ===")
   print(x_data)
   print("=== W ===")
   print(sess.run(W))
   print("=== b ===")
   print(sess.run(b))
   print("=== expr ===")

   print(sess.run(expr, feed_dict={X: x_data}))

   sess.close()
```

## 3.3 선형 회귀 모델 구현하기

**선형 회귀**란 간단하게 말해, 주어진 x와 y 값을 가지고 서로 간의 관계를 파악하는 것입니다. 이 관계를 알고 나면 새로운 x 값이 주어졌을 때 y 값을 쉽게 알 수 있습니다. 어떤 입력에 대한 출력을 예측하는 것, 이것이 바로 머신러닝의 기본입니다.

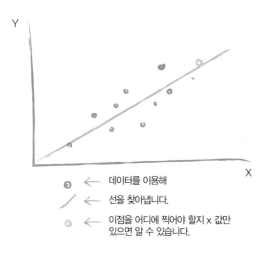

데이터를 이용해
선을 찾아냅니다.
이점을 어디에 찍어야 할지 x 값만
있으면 알 수 있습니다.

그림 3-3  선형 회귀 그래프

이제 텐서플로의 최적화 함수를 이용해 X와 Y의 상관관계를 분석하는 기초적인 선형 회귀 모델을 만들고 실행해보겠습니다. 여기서는 다음과 같이 주어진 x_data와 y_data의 상관관계를 파악해보고자 합니다.

```
x_data = [1, 2, 3]
y_data = [1, 2, 3]
```

❶ 먼저 x와 y의 상관관계를 설명하기 위한 변수들인 W와 b를 각각 −1.0부터 1.0 사이의 **균등분포**<sup>uniform distribution</sup>를 가진 무작위 값으로 초기화합니다.

```
W = tf.Variable(tf.random_uniform([1], -1.0, 1.0))
b = tf.Variable(tf.random_uniform([1], -1.0, 1.0))
```

❷ 다음은 자료를 입력받을 플레이스홀더를 설정합니다.

```
X = tf.placeholder(tf.float32, name="X")
Y = tf.placeholder(tf.float32, name="Y")
```

### 플레이스홀더에 이름 부여하기

플레이스홀더의 name 매개변수로는 플레이스홀더의 이름을 설정합니다. 다음은 앞서 설정한 플레이스홀더를 출력한 모습입니다.

```
Tensor("X:0", dtype=float32)
Tensor("Y:0", dtype=float32)
```

반면 name 없이 설정한 플레이스홀더를 출력하면 다음과 같이 이름이 자동으로 부여됨을 알 수 있습니다.

```
Tensor("Placeholder:0", dtype=float32)
Tensor("Placeholder_1:0", dtype=float32)
```

각각의 텐서에 이름을 주면 어떠한 텐서가 어떻게 사용되고 있는지 쉽게 알 수 있습니다. 또한 5장에서 간단하게 사용해볼 일종의 디버깅 도구인 텐서보드<sup>TensorBoard</sup>에서도 이 이름으로 출력해주므로 디버깅도 더 수월하게 할 수 있습니다. 참고로 변수<sup>Variable</sup>와 연산 또는 연산함수에도 이름을 지정할 수 있습니다.

❸ 그다음으로 X와 Y의 상관관계(여기서는 선형관계)를 분석하기 위한 수식을 작성합니다.

```
hypothesis = W * X + b
```

이 수식은 W와의 곱과 b와의 합을 통해 X와 Y의 관계를 설명하겠다는 뜻입니다. 다시 말해 X가 주어졌을 때 Y를 만들어 낼 수 있는 W와 b를 찾아내겠나는 의미이기도 합니다. W는 **가중치**weight, b는 **편향**bias이라고 하며, 이 수식은 선형 회귀는 물론 신경망 학습에 가장 기본이 되는 수식입니다.

여기서는 W와 X가 행렬이 아니므로 tf.matmul이 아니라 기본 곱셈 연산자를 사용했습니다.

❹ 다음으로 손실 함수를 작성해보겠습니다.

**손실 함수**loss function는 한 쌍(x, y)의 데이터에 대한 **손실값**을 계산하는 함수입니다. 손실값이란 실제값과 모델로 예측한 값이 얼마나 차이가 나는가를 나타내는 값입니다. 즉, 손실값이 작을수록 그 모델이 X와 Y의 관계를 잘 설명하고 있다는 뜻이며, 주어진 X 값에 대한 Y 값을 정확하게 예측할 수 있다는 뜻이 됩니다. 그리고 이 손실을 전체 데이터에 대해 구한 경우 이를 **비용**cost이라고 합니다.

즉, **학습**이란 변수들의 값을 다양하게 넣어 계산해보면서 이 손실값을 최소화하는 W와 b의 값을 구하는 것입니다.

손실값으로는 '예측값과 실제값의 거리'를 가장 많이 사용하며, 우리도 이를 사용할 겁니다. 따라서 손실값은 예측값에서 실제값을 뺀 뒤 제곱하여, 그리고 비용은 모든 데이터에 대한 손실값의 평균을 내어 구합니다.

```
cost = tf.reduce_mean(tf.square(hypothesis - Y))
```

텐서플로는 이러한 수식 계산을 위한 다양한 함수를 구현해 제공합니다. 이 책은 입문서 역할에 충실하기 위해 함수들에 대한 상세한 설명은 제공하지 않고자 합니다. 이 책을 마치고 본격적으로 텐서플로를 사용하게 된다면 https://www.tensorflow.org/api_docs/를 방문하여 어떠한 함수들이 있는지 살펴보길 권합니다.

❺ 마지막으로 텐서플로가 기본 제공하는 **경사하강법** gradient descent 최적화 함수를 이용해 손실값을 최소화하는 연산 그래프를 생성합니다.

```
optimizer = tf.train.GradientDescentOptimizer(learning_rate=0.1)
train_op = optimizer.minimize(cost)
```

최적화 함수란 가중치와 편향 값을 변경해가면서 손실값을 최소화하는 가장 최적화된 가중치와 편향 값을 찾아주는 함수입니다. 이때 값들을 무작위로 변경하면 시간이 너무 오래 걸리고 학습 시간도 예측하기 어려울 것입니다. 따라서 빠르게 최적화하기 위한, 즉 빠르게 학습하기 위한 다양한 방법을 사용합니다.

경사하강법은 그러한 최적화 방법 중 가장 기본적인 알고리즘으로, 다음 그래프와 같이 함수의 기울기를 구하고 기울기가 낮은 쪽으로 계속 이동시키면서 최적의 값을 찾아 나가는 방법입니다.

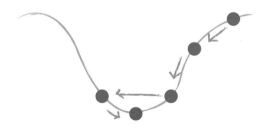

그림 3-4 경사하강법

최적화 함수의 매개변수인 learning_rate, 즉 **학습률**은 학습을 얼마나 '급하게' 할 것인가를 설정하는 값입니다. 값이 너무 크면 최적의 손실값을 찾지 못하고 지나치게 되고, 값이 너무 작으면 학습 속도가 매우 느려집니다. 이렇게 학습을 진행하는 과정에 영향을 주는 변수를 **하이퍼파라미터**hyperparameter라 하며, 이 값에 따라 학습 속도나 신경망 성능이 크게 달라질 수 있습니다. 머신러닝에서는 이 하이퍼파라미터를 잘 튜닝하는 것이 큰 과제이기도 합니다.

❻ 이제 선형 회귀 모델을 다 만들었으니, 그래프를 실행해 학습을 시키고 결과를 확인해보겠습니다.

먼저 앞 절에서와같이 세션을 생성하고 변수들을 초기화합니다. 한 가지, 이번에는 파이썬의 with 기능을 이용해 세션 블록을 만들고 세션 종료를 자동으로 처리하도록 만들어봤습니다.

```
with tf.Session() as sess:
    sess.run(tf.global_variables_initializer())
```

다음은 최적화를 수행하는 그래프인 train_op를 실행하고, 실행 시마다 변화하는 손실값을 출력하는 코드입니다.

학습은 100번 수행하며, feed_dict 매개변수를 통해, 상관관계를 알아내고자 하는 데이터인 x_data와 y_data를 입력해줍니다.

```
for step in range(100):
    _, cost_val = sess.run([train_op, cost], feed_dict={X: x_data,
                                                         Y: y_data})

    print(step, cost_val, sess.run(W), sess.run(b))
```

이 학습의 진행 상황을 출력해보면 다음과 같이 손실값과 변수들의 변화를 확인해볼 수 있습니다. 다음과 같이 손실값이 점점 줄어든다면 학습이 정상적으로 이뤄지고 있는 것입니다.

```
0 4.37829 [ 1.23703086] [-0.29814252]
1 0.0684033 [ 1.13505912] [-0.33332637]
2 0.0161559 [ 1.14233446] [-0.32068476]
3 0.0148032 [ 1.1377629] [-0.3134816]
4 0.014093 [ 1.1345768] [-0.30589044]
5 0.0134235 [ 1.13132799] [-0.29854307]
6 0.0127859 [ 1.1281724] [-0.29136565]
7 0.0121786 [ 1.12509108] [-0.28436148]
8 0.0116001 [ 1.12208402] [-0.27752563]
9 0.0110491 [ 1.11914921] [-0.27085412]
10 0.0105242 [ 1.11628485] [-0.26434299]
… (이하 생략)
```

❼ 이제 두근거리는 마음으로 학습에 사용되지 않았던 값인 5와 2.5를 X값으로 넣고 결과를 확인해봅시다.

```
print("X: 5, Y:", sess.run(hypothesis, feed_dict={X: 5}))
print("X: 2.5, Y:", sess.run(hypothesis, feed_dict={X: 2.5}))
```

저는 결과가 다음처럼 나왔습니다.

```
X: 5, Y: [ 5.03636217]
X: 2.5, Y: [ 2.5030241]
```

기대한 대로 X가 5일 때는 Y값으로 5를, 2.5일 때는 2.5를 정확히 예측해내었습니다. 텐서플로와 머신러닝의 세계로 오신 걸 환영합니다!

```
import tensorflow as tf

x_data = [1, 2, 3]
y_data = [1, 2, 3]

❶W = tf.Variable(tf.random_uniform([1], -1.0, 1.0))
 b = tf.Variable(tf.random_uniform([1], -1.0, 1.0))

❷X = tf.placeholder(tf.float32, name="X")
 Y = tf.placeholder(tf.float32, name="Y")

❸hypothesis = W * X + b

❹cost = tf.reduce_mean(tf.square(hypothesis - Y))
❺optimizer = tf.train.GradientDescentOptimizer(learning_rate=0.1)
 train_op = optimizer.minimize(cost)

❻with tf.Session() as sess:
    sess.run(tf.global_variables_initializer())

    for step in range(100):
       _, cost_val = sess.run([train_op, cost], feed_dict={X: x_data,
                                                            Y: y_data})

       print(step, cost_val, sess.run(W), sess.run(b))

❼   print("\n=== Test ===")
    print("X: 5, Y:", sess.run(hypothesis, feed_dict={X: 5}))
    print("X: 2.5, Y:", sess.run(hypothesis, feed_dict={X: 2.5}))
```

# 기본
# 신경망
# 구현

# 기본
# 신경망
# 구현

이번 장에서는 기본적인 신경망 모델과 우리가 궁극적으로 배우고자 하는 딥러 닝인 심층 신경망, 즉 다층 신경망을 간단하게 구현해보겠습니다.

이 장은 신경망 구현에 필요한 핵심 개념을 많이 소개하여 머신러닝과 딥러닝을 처음 접하는 분에게는 약간 어려울 수 있습니다. 그래도 천천히 읽어가며 함께 코 딩하고 실행해본 뒤, 결과를 보고 다시 읽어 보면 어렵지 않게 이해할 수 있을 것 입니다. 포기하지 마시고 끝까지 읽고 결과를 확인해보시길 바랍니다.

그럼 먼저 딥러닝 구현에 꼭 필요한 기초 개념 몇 가지를 가볍게 살펴보겠 습니다.

## 4.1 인공신경망의 작동 원리

이제는 상식처럼 되어버린 **인공신경망**artificial neural network의 개념은 아시다시피 뇌를 구성하는 신경 세포, 즉 **뉴런**neuron의 동작 원리에 기초합니다. 뉴런의 기본 원리는 다음 그림처럼 매우 간단합니다.

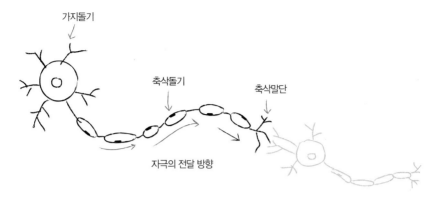

그림 4-1 뉴런의 구성과 동작 원리

　뉴런의 기본 동작은 가지돌기에서 신호를 받아들이고, 이 신호가 축삭돌기를 지나 축삭말단으로 전달되는 것입니다. 그런데 축삭돌기를 지나는 동안 신호가 약해지거나, 너무 약해서 축삭말단까지 전달되지 않거나, 또는 강하게 전달되기도 합니다. 그리고 축삭말단까지 전달된 신호는 연결된 다음 뉴런의 가지돌기로 전달됩니다. 우리 인간은 이러한 원리를 지닌 수억 개의 뉴런 조합을 통해 손가락을 움직이거나 물체를 판별하는 등 다양한 조작과 판단을 수행하는 것입니다.

　이러한 뉴런과 신경망의 원리에 인공 뉴런의 개념을 덧씌우면 [그림 4-2]와 같이 표현할 수 있습니다.

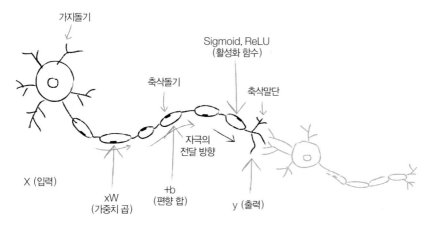

그림 4-2 실제 뉴런과 인공 뉴런

　그림과 같이 입력 신호, 즉 입력값 X에 **가중치**(W)를 곱하고 **편향**(b)을 더한 뒤 활성화 함수(Sigmoid, ReLU 등)를 거쳐 결괏값 y를 만들어내는 것, 이것이 바로 인공 뉴런의 기본입니다. 그리고 원하는 y 값을 만들어내기 위해 W와 b의 값을 변경해가면서 적절한 값을 찾아내는 최적화 과정을 **학습**^learning 또는 **훈련**^training이라고 합니다.

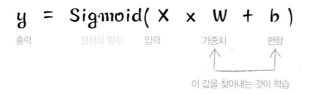

그림 4-3 수식으로 표현한 인공 뉴런

　**활성화 함수**^activation function는 인공신경망을 통과해온 값을 최종적으로 어떤 값으로 만들지를 결정합니다. 즉, 이 함수가 바로 인공 뉴런의 핵심 중에서도 가장 중요한 요소입니다. 활성화 함수에는 대표적으로 Sigmoid<sup>시그모이드</sup>, ReLU<sup>렐루</sup>, tanh<sup>쌍곡탄젠트</sup> 함수가 있으며, 그래프로는 [그림 4-4]와 같은 모양입니다.

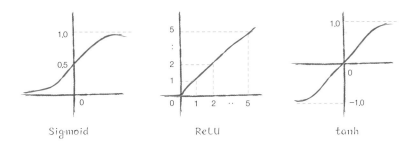

그림 4-4 주요 활성화 함수 그래프

최근에는 활성화 함수로 ReLU 함수를 많이 사용하는데, 보는 바와 같이 ReLU 함수는 입력값이 0보다 작으면 항상 0을, 0보다 크면 입력값을 그대로 출력합니다. 학습 목적에 따라 다른 활성화 함수를 써야 하는 경우가 있으니, 그래프를 눈여겨보고 각 활성화 함수의 특성을 꼭 기억해두기 바랍니다.

> NOTE 참고로 [그림 4-4]에서 Sigmoid 그래프는 0과 1.0 그리고 tanh 그래프는 1.0과 −1.0 으로 최종값이 고정되는 것처럼 보이지만, 정확히는 해당 값에 한없이 가까워지는 것입니다.

다시 정리하자면, 인공 뉴런은 가중치와 활성화 함수의 연결로 이뤄진 매우 간단한 구조입니다. 놀라운 점은, 이렇게 간단한 개념의 인공 뉴런을 충분히 많이 연결해놓는 것만으로 인간이 인지하기 어려운 매우 복잡한 패턴까지도 스스로 학습할 수 있게 된다는 사실입니다.

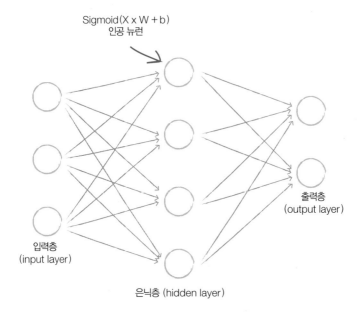

그림 4-5 인공 뉴런들을 연결해 구성한 인공신경망

> **NOTE** 지금까지 인공신경망의 원리를 실제 신경망에 빗대어 설명하기 위해 '인공'을 붙였습니다만, 앞으로는 항시 인공신경망을 지칭할 것이므로 간단히 '신경망'이라 쓰겠습니다.

그러나 수천~수만 개의 W와 b 값의 조합을 일일이 변경해가며 계산하려면 매우 오랜 시간이 걸리기에 신경망을 제대로 훈련시키기가 어려웠습니다. 특히나 신경망의 층이 깊어질수록 시도해봐야 하는 조합의 경우의 수가 기하급수적으로 늘어나기 때문에 과거에는 유의미한 신경망을 만들기란 거의 불가능하다고 여겨졌습니다.

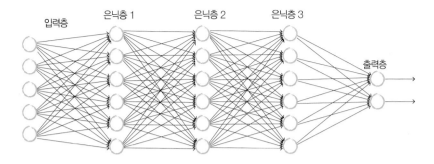

그림 4-6 심층 신경망

하지만 그 해법을 끈질기게 연구하던 제프리 힌튼<sup>Geoffrey Hinton</sup> 교수가 **제한된 볼트만 머신**<sup>Restricted Boltzmann Machine, RBM</sup>이라는 신경망 학습 알고리즘을 개발하였고, 이 방법으로 심층 신경망을 효율적으로 학습시킬 수 있음을 증명하면서 다시 한 번 신경망이 주목받게 되었습니다. 그 후 드롭아웃 기법, ReLU 등의 활성화 함수들이 개발되면서 딥러닝 알고리즘은 급속한 발전을 이룹니다. 또한 이와 함께 데이터양의 폭발적인 증가와 컴퓨팅 파워의 발전, 특히 단순한 수치 계산과 병렬 처리에 강한 GPU의 발전 덕분에 드디어 본격적인 딥러닝의 시대가 열리게 되었습니다.

이렇게 발전해온 알고리즘의 중심에는 **역전파**<sup>backpropagation</sup>가 있습니다. 역전파는 간단하게 말해, 출력층이 내놓은 결과의 오차를 신경망을 따라 입력층까지 역으로 전파하며 계산해나가는 방식입니다. 이 방식은 입력층부터 가중치를 조절해가는 기존 방식보다 훨씬 유의미한 방식으로 가중치를 조절해줘서 최적화 과정이 훨씬 빠르고 정확해집니다.

> **NOTE** 사실 다층 신경망 학습을 가능하게 한 역전파는 1985년 루멜하트<sup>Rumelhart</sup>가 일찌감치 제안하였으나, 당시 데이터 부족과 연산량 문제로 파묻혔다가 연구가 계속되면서 재조명된 알고리즘입니다.

기본 학습 방법

입력

출력

모든 조합의 경우의 수에 대해 가중치를 대입하고 계산함

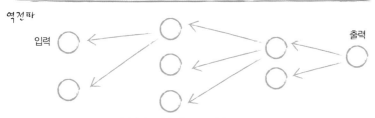

역전파

입력

출력

결괏값의 오차를 앞쪽으로 전파하면서 가중치를 갱신함

그림 4-7 신경망의 기본 학습 방법과 역전파

역전파는 신경망을 구현하려면 거의 항상 적용해야 하는 알고리즘이지만, 구현하기는 조금 어렵습니다. 하지만 다행히도 텐서플로는 활성화 함수와 학습 함수 대부분에 역전파 기법을 기본으로 제공해줘서, 역전파를 따로 구현할 일은 거의 없습니다. 역전파뿐 아니라 드롭아웃 알고리즘이나 ReLU 같은 활성화 함수도 직접 구현할 필요는 없습니다. 마치 어떤 프로그램을 작성할 때 컴파일러부터 구현하지는 않는 것과 마찬가지죠. 즉, 텐서플로를 사용하면 다양한 학습 알고리즘을 직접 구현하지 않고도 매우 쉽게 신경망을 만들고 학습시킬 수 있습니다.

그래도 역전파는 딥러닝 학습에 굉장히 중요한 알고리즘인 만큼, 이 책을 마치고 본격적으로 딥러닝을 연구하고자 한다면 꼭 다시 한번 자세히 살펴보길 권합니다.

## 4.2 간단한 분류 모델 구현하기

딥러닝은 매우 다양한 분야에 사용되지만, 그 중 가장 폭넓게 활용되는 분야는 패턴 인식을 통한 영상 처리입니다. 예를 들어 어떠한 사진이 고양이인지, 강아지인지 또는 자동차인지, 비행기인지 등을 판단하는 일에 쓰이죠. 이처럼 패턴을 파악해 여러 종류로 구분하는 작업을 **분류**classification라고 합니다.

이번 예제에서는 털과 날개가 있느냐를 기준으로 포유류와 조류를 구분하는 신경망 모델을 만들어보겠습니다. 핵심 개념에 집중하기 위해, 이미지 대신 간단한 이진 데이터를 이용하겠습니다.

❶ 먼저 텐서플로와 NumPy 라이브러리를 임포트합니다. NumPy는 매우 유명한 수치해석용 파이썬 라이브러리입니다. 행렬 조작과 연산에 필수라 할 수 있으며, 텐서플로도 NumPy를 매우 긴밀하게 이용하고 있습니다.

```
import tensorflow as tf
import numpy as np
```

❷ 다음은 학습에 사용할 데이터를 정의합니다. 우선, 털과 날개가 있느냐를 담은 특징 데이터를 구성합니다. 있으면 1, 없으면 0입니다.

```
# [털, 날개]
x_data = np.array(
    [[0, 0], [1, 0], [1, 1], [0, 0], [0, 0], [0, 1]])
```

그다음은 각 개체가 실제 어떤 종류인지를 나타내는 레이블(분류값) 데이터를 구성합니다. 즉, 앞서 정의한 특징 데이터의 각 개체가 포유류인지 조류인지, 아니면 제3의 종류인지를 기록한 실제 결괏값입니다.

레이블 데이터는 **원-핫 인코딩**one-hot encoding이라는 특수한 형태로 구성합니다. 원-핫 인코딩이란 데이터가 가질 수 있는 값들을 일렬로 나열한 배열을 만들고, 그중 표현하려는 값을 뜻하는 인덱스의 원소만 1로 표기하고 나머지 원소는 모두 0으로 채우는 표기법입니다.

예를 들어, 우리가 판별하고자 하는 개체의 종류는 기타, 포유류, 조류, 이렇게 세 가지이고, 이를 배열에 넣으면 [기타, 포유류, 조류]처럼 될 것입니다. 그렇다면 각 종류의 인덱스는 기타-0, 포유류=1, 조류=2가 되겠죠. 이를 원-핫-인코딩 형식으로 만들면 다음처럼 됩니다.

```
기타 = [1, 0, 0]
포유류 = [0, 1, 0]
조류 = [0, 0, 1]
```

보시는 것처럼, 각 종류에 해당하는 인덱스의 값만 1로 설정하고 나머지는 0으로 채우는 것! 이것이 바로 원-핫-인코딩입니다. 이를 특징 데이터와 연관 지어 레이블 데이터로 구성하면 다음처럼 만들 수 있습니다.

```
y_data = np.array([
    [1, 0, 0],  # 기타
    [0, 1, 0],  # 포유류
    [0, 0, 1],  # 조류
    [1, 0, 0],
    [1, 0, 0],
    [0, 0, 1]
])
```

이렇게 구성한 특징 데이터와 레이블 데이터는 다음과 같은 연관 관계를 갖게 됩니다.

```
# [털, 날개] -> [기타, 포유류, 조류]
[0, 0] -> [1, 0, 0] # 기타
[1, 0] -> [0, 1, 0] # 포유류
[1, 1] -> [0, 0, 1] # 조류
[0, 0] -> [1, 0, 0] # 기타
[0, 0] -> [1, 0, 0] # 기타
[0, 1] -> [0, 0, 1] # 조류
```

이상으로 학습 데이터 정의를 마쳤습니다.

❸ 이제 신경망 모델을 구성해보겠습니다. 특징 X와 레이블 Y와의 관계를 알아내는 모델입니다. 이때 X와 Y에 실측값ground truth을 넣어서 학습시킬 것이니 X와 Y는 플레이스홀더로 설정합니다.

```
X = tf.placeholder(tf.float32)
Y = tf.placeholder(tf.float32)
```

그다음은 앞서 배운 신경망을 결정하는 가중치와 편향 변수를 설정합니다. 신경망은 이 변수들의 값을 여러 가지로 바꿔가면서 X와 Y의 연관 관계를 학습하게 됩니다.

```
W = tf.Variable(tf.random_uniform([2, 3], -1., 1.))
b = tf.Variable(tf.zeros([3]))
```

가중치 변수 W는 [입력층(특징 수), 출력층(레이블 수)]의 구성인 [2, 3]으로 설정하고, 편향 변수 b는 레이블 수인 3개의 요소를 가진 변수로 설정합니다. 앞에서 설명한 것처럼, 이 가중치를 곱하고 편향을 더한 결과를 활성화 함수인 ReLU에 적용하면 신경망 구성은 끝입니다.

```
L = tf.add(tf.matmul(X, W), b)
L = tf.nn.relu(L)
```

너무 황당할 정도로 간단하죠? 뒤에 손실값을 구하는 부분이 남긴 했지만, 신경
망을 구성하는 것은 정말로 이게 끝입니다. 이렇게 구성한 신경망은 [그림 4-8]
로 나타낼 수 있습니다.

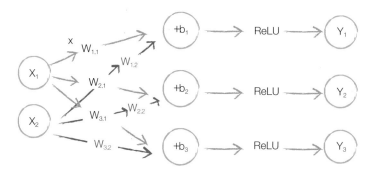

그림 4-8  신경망 구성

❹ 추가로, 신경망을 통해 나온 출력값을 softmax 함수를 이용하여 사용하기 쉽
게 다듬어줍니다.

```
model = tf.nn.softmax(L)
```

softmax 함수는 다음처럼 배열 내의 결괏값들을 전체 합이 1이 되도록 만들어
줍니다. 전체가 1이니 각각은 해당 결과의 확률로 해석할 수 있습니다.

```
[8.04, 2.76, -6.52] -> [0.53 0.24 0.23]
```

❺ 이제 손실 함수를 작성해보겠습니다. 손실 함수는 원-핫 인코딩을 이용한 대부분의 모델에서 사용하는 **교차 엔트로피**Cross-Entropy 함수를 사용하도록 하겠습니다. 교차 엔트로피 값은 예측값과 실제값 사이의 확률 분포 차이를 계산한 값으로, 기본 코드는 다음과 같습니다.

```
cost = tf.reduce_mean(-tf.reduce_sum(Y * tf.log(model), axis=1))
```

> **NOTE** 손실 함수는 **비용 함수**cost function라고도 하며, 코드에서의 cost는 여기에서 따왔습니다.

코드가 조금 복잡해 보이지만 계산된 값을 보면 어렵지 않게 이해할 수 있습니다. 계산 과정을 천천히 따라가보겠습니다. 먼저, Y는 실측값입니다. 그리고 model은 신경망을 통해 나온 예측값이고요.

```
    Y          model
[[1 0 0]  [[0.1 0.7 0.2]
 [0 1 0]]  [0.2 0.8 0.0]]
```

그런 다음 model 값에 log를 취한 값을 Y와 곱하면 다음과 같이 됩니다.

```
    Y          model          Y * tf.log(model)
[[1 0 0]  [[0.1 0.7 0.2]  -> [[-1.0   0    0]
 [0 1 0]]  [0.2 0.8 0.0]]      [ 0   -0.09 0]]
```

이제 행별로 값을 다 더합니다.

```
Y * tf.log(model)    reduce_sum(axis=1)
[[-1.0   0    0]  -> [-1.0, -0.09]
 [ 0   -0.09 0]]
```

마지막으로 배열 안 값의 평균을 내면 그것이 바로 우리의 손실값인 교차 엔트
로피 값이 됩니다.

```
 reduce_sum    reduce_mean
[-1.0, -0.09]  ->  -0.545
```

자, 이제 손실값까지 구했으니 핵심 로직은 전부 구현한 것이나 마찬가지입니다.

NOTE **reduce_xxx** 함수들은 텐서의 차원을 줄여줍니다. 함수 이름의 xxx 부분이 구체적인
차원 축소 방법을 뜻하고, axis 매개변수로 축소할 차원을 정합니다. 예컨대 reduce_sum(〈입
력 텐서〉, axis=1)은 주어진 텐서의 1번째 차원의 값들을 다 더해 (값 1개로 만들어서) 그 차원을
없앤다는 뜻입니다. sum 외에 prod, min, max, mean, all(논리적 AND), any(논리적 OR),
logsumexp 등을 제공합니다. 자세한 설명은 https://goo.gl/m3H9od 문서를 참고하세요.

❻ 그럼 이제 학습을 시켜보겠습니다. 학습은 앞 장에서 배운 것처럼, 텐서플로가
기본 제공하는 최적화 함수를 사용하면 됩니다.

```python
# 기본적인 경사하강법으로 최적화합니다.
optimizer = tf.train.GradientDescentOptimizer(learning_rate=0.01)
train_op = optimizer.minimize(cost)

# 텐서플로의 세션을 초기화합니다.
init = tf.global_variables_initializer()
sess = tf.Session()
sess.run(init)

# 앞서 구성한 특징과 레이블 데이터를 이용해 학습을 100번 진행합니다.
for step in range(100):
    sess.run(train_op, feed_dict={X: x_data, Y: y_data})

    # 학습 도중 10번에 한 번씩 손실값을 출력해봅니다.
    if (step + 1) % 10 == 0:
        print(step + 1, sess.run(cost, feed_dict={X: x_data, Y: y_data}))
```

이로써 신경망을 구성하고 학습을 진행하는 전체 코드를 마무리 지었습니다.

❼ 마지막으로, 학습된 결과를 확인해보는 코드를 작성합니다.

```
prediction = tf.argmax(model, axis=1)
target = tf.argmax(Y, axis=1)
print('예측값:', sess.run(prediction, feed_dict={X: x_data}))
print('실제값:', sess.run(target, feed_dict={Y: y_data}))
```

예측값인 model을 바로 출력하면 [0.2 0.7 0.1]과 같이 확률로 나오기 때문에, 요소 중 가장 큰 값의 인덱스를 찾아주는 argmax 함수를 사용하여 레이블 값을 출력하도록 했습니다. 즉, 다음처럼 원-핫 인코딩을 거꾸로 한 결과를 만들어줍니다.

```
[[0 1 0] [1 0 0]] -> [1 0]
[[0.2 0.7 0.1] [0.9 0.1 0.]] -> [1 0]
```

❽ 이제 정말 마지막으로, 하하, 간단하게 정확도를 출력해보겠습니다.

```
is_correct = tf.equal(prediction, target)
accuracy = tf.reduce_mean(tf.cast(is_correct, tf.float32))
print('정확도: %.2f' % sess.run(accuracy * 100, feed_dict={X: x_data,
Y: y_data}))
```

전체 학습 데이터에 대한 예측값과 실측값을 tf.equal 함수로 비교한 뒤, true/false 값으로 나온 결과를 다시 tf.cast 함수를 이용해 0과 1로 바꾸어 평균을 내면 간단히 정확도를 구할 수 있습니다. 그리고 프로그램을 실행해 학습을 시키면...

```
10 1.15446
20 1.15243
30 1.15042
40 1.14844
50 1.14648
60 1.14455
70 1.14264
80 1.14075
90 1.13889
100 1.13704
예측값: [0 2 2 0 0 0]
실제값: [0 1 2 0 0 2]
정확도: 66.67
```

보시는 것처럼 손실값이 점점 줄어드는 것을 확인할 수 있을 것입니다. 하지만
실망스럽게도 학습 횟수를 아무리 늘려도 정확도가 크게 높아지지 않을 겁니다.
그 이유는 신경망이 한 층밖에 안 되기 때문인데, 층 하나만 더 늘리면 쉽게 해결
됩니다.

### 전체 코드

```
❶import tensorflow as tf
  import numpy as np

❷x_data = np.array(
    [[0, 0], [1, 0], [1, 1], [0, 0], [0, 0], [0, 1]])

  y_data = np.array([
    [1, 0, 0],
    [0, 1, 0],
    [0, 0, 1],
    [1, 0, 0],
    [1, 0, 0],
    [0, 0, 1]
```

```
    ])

❸ X = tf.placeholder(tf.float32)
  Y = tf.placeholder(tf.float32)

  W = tf.Variable(tf.random_uniform([2, 3], -1., 1.))
  b = tf.Variable(tf.zeros([3]))

  L = tf.add(tf.matmul(X, W), b)
  L = tf.nn.relu(L)

❹ model = tf.nn.softmax(L)
❺ cost = tf.reduce_mean(-tf.reduce_sum(Y * tf.log(model), axis=1))

❻ optimizer = tf.train.GradientDescentOptimizer(learning_rate=0.01)
  train_op = optimizer.minimize(cost)

  init = tf.global_variables_initializer()
  sess = tf.Session()
  sess.run(init)

  for step in range(100):
      sess.run(train_op, feed_dict={X: x_data, Y: y_data})

      if (step + 1) % 10 == 0:
          print(step + 1, sess.run(cost, feed_dict={X: x_data,
                Y: y_data))

❼ prediction = tf.argmax(model, axis=1)
  target = tf.argmax(Y, axis=1)
  print('예측값:', sess.run(prediction, feed_dict={X: x_data}))
  print('실제값:', sess.run(target, feed_dict={Y: y_data}))

❽ is_correct = tf.equal(prediction, target)
  accuracy = tf.reduce_mean(tf.cast(is_correct, tf.float32))
  print('정확도: %.2f' % sess.run(accuracy * 100, feed_dict={X: x_data,
      Y: y_data}))
```

## 4.3 심층 신경망 구현하기

이제 신경망의 층을 둘 이상으로 구성한 심층 신경망, 즉, 딥러닝을 구현해보겠습니다.

❶ 다층 신경망을 만드는 것은 매우 간단합니다. 앞서 만든 신경망 모델에 가중치와 편향을 추가하기만 하면 됩니다.

```
W1 = tf.Variable(tf.random_uniform([2, 10], -1., 1.))
W2 = tf.Variable(tf.random_uniform([10, 3], -1., 1.))

b1 = tf.Variable(tf.zeros([10]))
b2 = tf.Variable(tf.zeros([3]))
```

코드를 보면, 첫 번째 가중치의 형태는 [2, 10]으로, 두 번째 가중치는 [10, 3]으로 설정했고, 편향은 각각 10과 3으로 설정했습니다. 그 의미는 다음과 같습니다.

```
# 가중치
W1 = [2, 10] -> [특징, 은닉층의 뉴런 수]
W2 = [10, 3] -> [은닉층의 뉴런 수, 분류 수]
# 편향
b1 = [10] -> 은닉층의 뉴런 수
b2 = [3] -> 분류 수
```

보시는 바와 같이, 입력층과 출력층은 각각 특징과 분류 개수로 맞추고, 중간의 연결 부분은 맞닿은 층의 뉴런 수와 같도록 맞추면 됩니다. 중간의 연결 부분을 **은닉층**hidden layer이라 하며, 은닉층의 뉴런 수는 하이퍼파라미터이니 실험을 통해 가장 적절한 수를 정하면 됩니다.

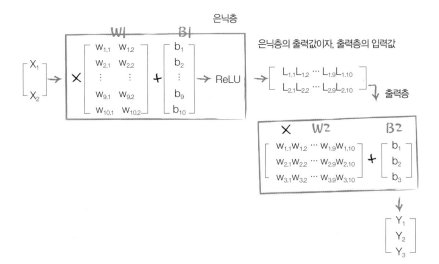

그림 4-9 행렬로 본 다층 신경망 구성

❷ 그다음은 앞 절에서 본 것과 마찬가지로 특징 입력값에 첫 번째 가중치와 편향, 그리고 활성화 함수를 적용합니다.

```
L1 = tf.add(tf.matmul(X, W1), b1)
L1 = tf.nn.relu(L1)
```

❸ 다음으로 출력층을 만들기 위해 두 번째 가중치와 편향을 적용하여 최종 모델을 만듭니다. 은닉층에 두 번째 가중치 W2[10, 3]와 편향 b2[3]을 적용하면 최종적으로 3개의 출력값을 가지게 됩니다.

```
model = tf.add(tf.matmul(L1, W2), b2)
```

NOTE 앞 절에서 본 기본 신경망 모델에서는 출력층에 활성화 함수를 적용하였으나, 사실 출력층에는 보통 활성화 함수를 사용하지 않습니다. 하이퍼파라미터와 마찬가지로 은닉층과 출력층에서 활성화 함수를 적용할지 말지, 또 어떤 활성화 함수를 적용할지 정하는 일 또한 신경망 모델을 만드는 데 가장 중요한 경험적, 실험적 요소이기도 합니다.

❹ 마지막으로 손실 함수를 작성합니다. 손실 함수는 다시 한번 교차 엔트로피 함수를 사용할 것입니다. 다만, 이번에는 텐서플로가 기본 제공하는 교차 엔트로피 함수를 이용해보았습니다. 이처럼 텐서플로가 제공하는 다양한 손실 함수를 사용하면 복잡한 수식을 사용하지 않고도 최적화를 위한 손실 함수를 다음처럼 간단하게 적용할 수 있습니다.

```
cost = tf.reduce_mean(
        tf.nn.softmax_cross_entropy_with_logits_v2(labels=Y,
                                                   logits=model))

optimizer = tf.train.AdamOptimizer(learning_rate=0.01)
train_op = optimizer.minimize(cost)
```

이번에는 최적화 함수로 AdamOptimizer를 사용해봤습니다. 사용하는 최적화 함수에 따라 정확도나 학습 속도가 많이 달라질 수 있으며, AdamOptimizer는 앞서 사용한 GradientDescentOptimizer보다 보편적으로 성능이 좋다고 알려져 있습니다. 하지만 모든 경우에 좋은 것은 아니니 텐서플로가 제공하는 다양한 최적화 함수를 찾아보고 적용해보기 바랍니다(https://www.tensorflow.org/api_guides/python/train).

❺ 학습 진행, 손실값과 정확도 측정 등, 앞 절에서 본 나머지 코드를 넣고 실행하면 다음과 같이 정확한 예측값을 얻게 될 것입니다.

```
10 0.798835
20 0.643622
30 0.548735
40 0.486945
50 0.438897
60 0.392866
70 0.339706
80 0.278057
90 0.214707
100 0.158375
예측값: [0 1 2 0 0 2]
실제값: [0 1 2 0 0 2]
정확도: 100.00
```

딥러닝의 세계에 오신 걸 환영합니다!

## 전체 코드

```python
import tensorflow as tf
import numpy as np

x_data = np.array(
    [[0, 0], [1, 0], [1, 1], [0, 0], [0, 0], [0, 1]])

y_data = np.array([
    [1, 0, 0],
    [0, 1, 0],
    [0, 0, 1],
    [1, 0, 0],
    [1, 0, 0],
    [0, 0, 1]
])

X = tf.placeholder(tf.float32)
Y = tf.placeholder(tf.float32)
```

```
❶W1 = tf.Variable(tf.random_uniform([2, 10], -1., 1.))
 W2 = tf.Variable(tf.random_uniform([10, 3], -1., 1.))

 b1 = tf.Variable(tf.zeros([10]))
 b2 = tf.Variable(tf.zeros([3]))

❷L1 = tf.add(tf.matmul(X, W1), b1)
 L1 = tf.nn.relu(L1)

❸model = tf.add(tf.matmul(L1, W2), b2)

❹cost = tf.reduce_mean(
         tf.nn.softmax_cross_entropy_with_logits_v2(labels=Y,
                                                    logits=model))

 optimizer = tf.train.AdamOptimizer(learning_rate=0.01)
 train_op = optimizer.minimize(cost)

❺init = tf.global_variables_initializer()
 sess = tf.Session()
 sess.run(init)

 for step in range(100):
     sess.run(train_op, feed_dict={X: x_data, Y: y_data})

     if (step + 1) % 10 == 0:
         print(step + 1, sess.run(cost, feed_dict={X: x_data, Y: y_data}))

 prediction = tf.argmax(model, 1)
 target = tf.argmax(Y, 1)
 print('예측값:', sess.run(prediction, feed_dict={X: x_data}))
 print('실제값:', sess.run(target, feed_dict={Y: y_data}))

 is_correct = tf.equal(prediction, target)
 accuracy = tf.reduce_mean(tf.cast(is_correct, tf.float32))
 print('정확도: %.2f' % sess.run(accuracy * 100, feed_dict={X: x_data,
                                                            Y: y_data}))
```

# 텐서보드와
## 모델
## 재사용

# 텐서보드와 모델 재사용

이번 장에서는 학습시킨 모델을 저장하고 재사용하는 방법과 텐서플로의 가장 큰 장점 중 하나인 텐서보드를 이용해 손실값의 변화를 그래프로 추적해보는 법을 배워보겠습니다. 지금까지 잘 따라오셨다면 이번 장은 쉬어가는 마음으로 가볍게 즐길 수 있을 것입니다. :-)

## 5.1 학습 모델 저장하고 재사용하기

이번 장에서도 앞 장에서 사용한 포유류와 조류를 구분하는 신경망 모델을 이용하겠습니다. 다만, 코드 안에 데이터를 같이 넣는 것은 비효율적이니, 데이터를 CSV 파일로 분리한 뒤 해당 파일을 읽어 들여 사용하는 방법을 썼습니다.

먼저 다음 내용을 data.csv 파일로 저장합니다.

```
# 털, 날개, 기타, 포유류, 조류
  0,   0,   1,   0,   0
  1,   0,   0,   1,   0
  1,   1,   0,   0,   1
```

```
0,  0,  1,  0,  0
0,  0,  1,  0,  0
0,  1,  0,  0,  1
```

NOTE 단, 여기서 사용하는 방법은 내용에 한글이 있으면 읽는 데 문제가 생길 수 있으니 한글 주석은 제외하고 입력해주세요.

1열과 2열은 털과 날개, 즉 특징값이고, 3열부터 마지막 열까지는 개체의 종류를 나타내는 데이터입니다. 앞 장에서 본 원-핫 인코딩을 이용한 값이죠.

❶ 데이터 파일을 만들었으면, 이제 다음처럼 데이터를 읽어 들이고 변환하는 코드로 프로그램을 시작합니다.

```python
import tensorflow as tf
import numpy as np

data = np.loadtxt('./data.csv', delimiter=',',
                  unpack=True, dtype='float32')

x_data = np.transpose(data[0:2])
y_data = np.transpose(data[2:])
```

numpy 라이브러리의 loadtxt 함수를 이용하여 간단하게 데이터를 읽어 들인 뒤, 1열과 2열은 x_data로, 3열부터 마지막 열까지는 y_data로 변환하였습니다.

**NOTE** loadtxt의 unpack 매개변수와 transpose 함수는 다음처럼 데이터의 구조를 변환시켜 줍니다.

```
#        원시데이터                    unpack=True
[[ 0.  0.  1.  0.  0.]             [[ 0.  1.  1.  0.  0.  0.]
 [ 1.  0.  0.  1.  0.]              [ 0.  0.  1.  0.  0.  1.]
 [ 1.  1.  0.  0.  1.]    ->        [ 1.  0.  0.  1.  1.  0.]
 [ 0.  0.  1.  0.  0.]              [ 0.  1.  0.  0.  0.  0.]
 [ 0.  0.  1.  0.  0.]              [ 0.  0.  1.  0.  0.  1.]]
 [ 0.  1.  0.  0.  1.]]


#        data[0:2]                  np.transpose
[[ 0.  1.  1.  0.  0.  0.]    ->    [[ 0.  0.]
 [ 0.  0.  1.  0.  0.  1.]]          [ 1.  0.]
                                    [ 1.  1.]
                                    [ 0.  0.]
                                    [ 0.  0.]
                                    [ 0.  1.]]
```

보는 바와 같이 읽어 들이거나 잘라낸 데이터의 행과 열을 뒤바꿔주는 옵션과 함수입니다. 머신러 닝, 특히 딥러닝에서는 다양한 학습 알고리즘을 적용하거나 행렬 연산을 효율적으로 하기 위해 데 이터의 행과 열을 상황에 맞게 변환하는 일이 잦습니다. 따라서 다른 수학 기법은 몰라도 행렬 관 련 개념은 꼭 익혀두는 것이 좋습니다.

❷ 이제 신경망 모델을 구성할 차례입니다. 먼저 모델을 저장할 때 쓸 변수를 하나 만듭니다. 이 변수는 학습에 직접 사용되지는 않고, 학습 횟수를 카운트하는 변수 입니다. 이를 위해 변수 정의 시 trainable=False라는 옵션을 주었습니다.

```
global_step = tf.Variable(0, trainable=False, name='global_step')
```

❸ 이번에는 앞 장에서보다 계층을 하나 더 늘리고, 편향은 없이 가중치만 사용한 모델로 만들어보았습니다. 계층은 하나 늘었지만, 모델이 더 간략해졌으니 신경

망의 구성이 조금 더 명확하게 드러날 것입니다.

```
X = tf.placeholder(tf.float32)
Y = tf.placeholder(tf.float32)

W1 = tf.Variable(tf.random_uniform([2, 10], -1., 1.))
L1 = tf.nn.relu(tf.matmul(X, W1))

W2 = tf.Variable(tf.random_uniform([10, 20], -1., 1.))
L2 = tf.nn.relu(tf.matmul(L1, W2))

W3 = tf.Variable(tf.random_uniform([20, 3], -1., 1.))
model = tf.matmul(L2, W3)

cost = tf.reduce_mean(
        tf.nn.softmax_cross_entropy_with_logits_v2(labels=Y,
                                                    logits=model))

optimizer = tf.train.AdamOptimizer(learning_rate=0.01)
train_op = optimizer.minimize(cost, global_step=global_step)
```

코드를 보면 두 번째 가중치인 W2의 형태가 [10, 20]인 것을 알 수 있는데, 그 이유는 앞단 계층의 출력 크기가 10이고, 뒷단 계층의 입력 크기가 20이기 때문입니다. 신경망의 계층 늘리기는 이처럼 간단하게 처리할 수 있습니다.

> **NOTE** 신경망의 계층 수와 은닉층의 뉴런 수(예제에서 [10, 20] 부분)를 늘리면 복잡도가 높은 문제를 해결하는 데 도움이 됩니다. 다만, 이렇게 한다고 해서 무조건 도움이 되는 것은 아니며, 오히려 과적합이라는 문제에 빠질 수 있습니다(과적합에 대한 설명은 99쪽에 준비해뒀습니다). 즉, 신경망 모델 구성에서 계층과 뉴런 수를 최적화하는 것이 효과적인 모델을 설계하는 핵심 중 하나입니다.

마지막 줄에 보면 global_step 매개변수에 앞서 정의한 global_step 변수를 넘겨준 것을 확인할 수 있습니다. 이렇게 하면 최적화 함수가 학습용 변수들을 최적화할 때마다 global_step 변수의 값을 1씩 증가시키게 됩니다.

❹ 모델 구성이 모두 끝났으니, 이제 세션을 열고 최적화를 실행하기만 하면 됩니다. 그리고 드디어! 모델을 불러들이고 저장하는 코드를 보여드릴 수 있게 되었습니다.

```
sess = tf.Session()
saver = tf.train.Saver(tf.global_variables())
```

tf.global_variables는 앞서 정의한 변수들을 가져오는 함수입니다. 이 함수를 써서 앞서 정의한 변수들을 모두 가져와서, 이후 이 변수들을 파일에 저장하거나 이전에 학습한 결과를 불러와 담는 변수들로 사용합니다.

❺ 다음 코드는 ./model 디렉터리에 기존에 학습해둔 모델이 있는지를 확인해서 모델이 있다면 saver.restore 함수를 사용해 학습된 값들을 불러오고, 아니면 변수를 새로 초기화합니다. 학습된 모델을 저장한 파일을 체크포인트 파일checkpoint file이라고 합니다.

```
ckpt = tf.train.get_checkpoint_state('./model')
if ckpt and tf.train.checkpoint_exists(ckpt.model_checkpoint_path):
    saver.restore(sess, ckpt.model_checkpoint_path)
else:
    sess.run(tf.global_variables_initializer())
```

❻ 계속 보아온 바와 같은 방법으로 간단하게 최적화를 수행합니다. 이전과는 달리 step 값이 아니라 global_step 값을 이용해 학습을 몇 번째 진행하고 있는지를 출력해줍니다. global_step은 텐서 타입의 변수이므로 값을 가져올 때 sess.

run(global_step)을 이용해야 합니다.

```
for step in range(2):
    sess.run(train_op, feed_dict={X: x_data, Y: y_data})

    print('Step: %d, ' % sess.run(global_step),
          'Cost: %.3f' % sess.run(cost, feed_dict={X: x_data, Y: y_data}))
```

학습시킨 모델을 저장한 뒤 불러들여서 재학습한 결과를 보기 위해 학습 횟수를 2번으로 설정했습니다.

❼ 마지막으로, 최적화가 끝난 뒤 학습된 변수들을 지정한 체크포인트 파일에 저장합니다.

```
saver.save(sess, './model/dnn.ckpt', global_step=global_step)
```

두 번째 매개변수는 체크포인트 파일의 위치와 이름입니다. 상위 디렉터리, 즉 './model' 디렉터리는 미리 생성돼 있어야 합니다. global_step의 값은 저장할 파일의 이름에 추가로 붙게 되며, 텐서 변수 또는 숫자값을 넣어줄 수 있습니다. 이를 이용해 여러 상태의 체크포인트를 만들 수 있고, 가장 효과적인 체크포인트를 선별해서 사용할 수 있습니다.

❽ 이제 앞 장에서와같이 예측 결과와 정확도를 확인하는 다음 코드를 마지막으로 넣고 실행 결과를 확인해보겠습니다.

```
prediction = tf.argmax(model, 1)
target = tf.argmax(Y, 1)
print('예측값:', sess.run(prediction, feed_dict={X: x_data}))
print('실제값:', sess.run(target, feed_dict={Y: y_data}))
```

```
is_correct = tf.equal(prediction, target)
accuracy = tf.reduce_mean(tf.cast(is_correct, tf.float32))
print('정확도: %.2f' % sess.run(accuracy * 100, feed_dict={X: x_data,
                                                         Y: y_data}))
```

제가 처음 실행한 결과는 다음과 같습니다. 총 2번을 실행했고, 정확도는
83.33%가 나왔습니다.

```
Step: 1,  Cost: 0.943
Step: 2,  Cost: 0.891
예측값: [0 2 2 0 0 2]
실제값: [0 1 2 0 0 2]
정확도: 83.33
```

프로그램을 다시 한번 실행해봅시다.

```
Step: 3,  Cost: 0.847
Step: 4,  Cost: 0.811
예측값: [0 1 2 0 0 2]
실제값: [0 1 2 0 0 2]
정확도: 100.00
```

기대한 대로 총 2번을 실행하지만, global_step으로 저장한 값을 불러와서 증
가시켰으므로 Step이 3부터 시작했고, 정확도 또한 올라간 것을 볼 수 있습니다.
텐서플로를 이용하면 이렇게 쉽게 학습시킨 모델을 저장하고 불러와서 재사용할
수 있습니다.

또한, 이 방식을 응용해 모델 구성, 학습, 예측 부분을 각각 분리하여 학습을 따
로 한 뒤 예측만 단독으로 실행하는 프로그램을 작성할 수 있습니다.

**전체 코드**

❶ ```python
import tensorflow as tf
import numpy as np

data = np.loadtxt('./data.csv', delimiter=',',
                  unpack=True, dtype='float32')

x_data = np.transpose(data[0:2])
y_data = np.transpose(data[2:])

#########
# 신경망 모델 구성
#####
```
❷ ```python
global_step = tf.Variable(0, trainable=False, name='global_step')
```
❸ ```python
X = tf.placeholder(tf.float32)
Y = tf.placeholder(tf.float32)

W1 = tf.Variable(tf.random_uniform([2, 10], -1., 1.))
L1 = tf.nn.relu(tf.matmul(X, W1))

W2 = tf.Variable(tf.random_uniform([10, 20], -1., 1.))
L2 = tf.nn.relu(tf.matmul(L1, W2))

W3 = tf.Variable(tf.random_uniform([20, 3], -1., 1.))
model = tf.matmul(L2, W3)

cost = tf.reduce_mean(
    tf.nn.softmax_cross_entropy_with_logits_v2(labels=Y,
                                               logits=model))

optimizer = tf.train.AdamOptimizer(learning_rate=0.01)
train_op = optimizer.minimize(cost, global_step=global_step)

#########
# 신경망 모델 학습
#####
```
❹ ```python
sess = tf.Session()
```

```
    saver = tf.train.Saver(tf.global_variables())

❺ckpt = tf.train.get_checkpoint_state('./model')
  if ckpt and tf.train.checkpoint_exists(ckpt.model_checkpoint_path):
      saver.restore(sess, ckpt.model_checkpoint_path)
  else:
      sess.run(tf.global_variables_initializer())

❻for step in range(2):
      sess.run(train_op, feed_dict={X: x_data, Y: y_data})

      print('Step: %d, ' % sess.run(global_step),
            'Cost: %.3f' % sess.run(cost, feed_dict={X: x_data, Y: y_data}))

❼saver.save(sess, './model/dnn.ckpt', global_step=global_step)

    ########
    # 결과 확인
    #####
❽prediction = tf.argmax(model, 1)
  target = tf.argmax(Y, 1)
  print('예측값:', sess.run(prediction, feed_dict={X: x_data}))
  print('실제값:', sess.run(target, feed_dict={Y: y_data}))

  is_correct = tf.equal(prediction, target)
  accuracy = tf.reduce_mean(tf.cast(is_correct, tf.float32))
  print('정확도: %.2f' % sess.run(accuracy * 100, feed_dict={X: x_data,
  Y: y_data}))
```

## 5.2 텐서보드 사용하기

  딥러닝 라이브러리와 프레임워크는 많지만, 유독 텐서플로를 사용하는 곳이 급
증한 데에는 텐서보드의 역할이 가장 컸다고 해도 과언이 아닙니다.

  딥러닝을 현업에 활용하게 되면 대부분의 경우 학습 시간이 상당히 오래 걸립니
다. 따라서 모델을 효과적으로 실험하려면 학습 과정을 추적하는 일이 매우 중요

해집니다만, 학습 과정을 추적하려면 번거로운 추가 작업을 많이 해야 합니다.

이런 어려움을 해결해주고자 텐서플로는 텐서보드라는 도구를 기본으로 제공합니다. 텐서보드는 학습하는 중간중간 손실값이나 정확도 또는 결과물로 나온 이미지나 사운드 파일들을 다양한 방식으로 시각화해 보여줍니다. 코드 몇 줄만 추가하면 이런 기능을 매우 쉽게 사용할 수 있습니다.

그림 5-1  텐서보드

앞서 만든 코드에 텐서보드를 이용하기 위한 코드를 넣어보도록 하겠습니다. 이를 통해서 신경망 계층의 구성을 시각적으로 확인하고, 손실값의 변화도 그래프를 이용해 직관적으로 확인해보겠습니다.

❶ 먼저 데이터를 읽어 들이는 코드와 플레이스홀더 값들을 똑같이 넣습니다.

```
import tensorflow as tf
import numpy as np

data = np.loadtxt('./data.csv', delimiter=',',
                  unpack=True, dtype='float32')

x_data = np.transpose(data[0:2])
y_data = np.transpose(data[2:])

global_step = tf.Variable(0, trainable=False, name='global_step')

X = tf.placeholder(tf.float32)
Y = tf.placeholder(tf.float32)
```

❷ 그다음으로 신경망의 각 계층에 다음 코드를 덧붙여줍니다.

```
with tf.name_scope('layer1'):
    W1 = tf.Variable(tf.random_uniform([2, 10], -1., 1.), name='W1')
    L1 = tf.nn.relu(tf.matmul(X, W1))
```

with tf.name_scope로 묶은 블록은 텐서보드에서 한 계층 내부를 표현해줍니다. 코드를 전부 작성하고 결과를 보시면 쉽게 이해할 수 있을 것입니다. 그리고 변수 뒤에 name='W1'처럼 이름을 붙이면 텐서보드에서 해당 이름의 변수가어디서 사용되는지 쉽게 확인할 수 있습니다. 이름은 변수뿐만 아니라 플레이스홀더, 각각의 연산, 활성화 함수 등 모든 텐서에 붙일 수 있습니다.

이렇게 다른 계층들도 전부 tf.name_scope로 묶어주고 이름도 붙여주겠습니다.

```
with tf.name_scope('layer2'):
    W2 = tf.Variable(tf.random_uniform([10, 20], -1., 1.), name='W2')
    L2 = tf.nn.relu(tf.matmul(L1, W2))
```

```
with tf.name_scope('output'):
    W3 = tf.Variable(tf.random_uniform([20, 3], -1., 1.), name='W3')
    model = tf.matmul(L2, W3)

with tf.name_scope('optimizer'):
    cost = tf.reduce_mean(
        tf.nn.softmax_cross_entropy_with_logits_v2(labels=Y,
                                                   logits=model))

    optimizer = tf.train.AdamOptimizer(learning_rate=0.01)
    train_op = optimizer.minimize(cost, global_step=global_step)
```

❸ 다음으로, 손실값을 추적하기 위해 수집할 값을 지정하는 코드를 작성합니다.

```
tf.summary.scalar('cost', cost)
```

이와 같은 간단한 코드로 cost 텐서의 값을 손쉽게 지정할 수 있습니다. tf.summary 모듈의 scalar 함수는 값이 하나인 텐서를 수집할 때 사용합니다. 물론 scalar뿐만 아니라 histogram, image, audio 등 다양한 값을 수집하는 함수를 기본으로 제공합니다. 더 자세한 내용은 텐서플로 공식 문서의 tf.summary 부분을 참조해주세요(https://www.tensorflow.org/api_docs/python/tf/summary).

❹ 이제 모델을 불러들이거나 초기화하는 코드를 넣고,

```
sess = tf.Session()
saver = tf.train.Saver(tf.global_variables())

ckpt = tf.train.get_checkpoint_state('./model')
if ckpt and tf.train.checkpoint_exists(ckpt.model_checkpoint_path):
```

```
        saver.restore(sess, ckpt.model_checkpoint_path)
    else:
        sess.run(tf.global_variables_initializer())
```

❺ tf.summary.merge_all 함수로 앞서 지정한 텐서들을 수집한 다음 tf.summary.FileWriter 함수를 이용해 그래프와 텐서들의 값을 저장할 디렉터리를 설정합니다.

```
merged = tf.summary.merge_all()
writer = tf.summary.FileWriter('./logs', sess.graph)
```

❻ 그런 다음 최적화를 실행하는 코드를 앞서와 같이 작성하고,

```
for step in range(100):
    sess.run(train_op, feed_dict={X: x_data, Y: y_data})

    print('Step: %d, ' % sess.run(global_step),
          'Cost: %.3f' % sess.run(cost, feed_dict={X: x_data, Y: y_data}))
```

❼ sess.run을 이용해 앞서 merged로 모아둔 텐서의 값들을 계산하여 수집한 뒤, writer.add_summary 함수를 이용해 해당 값들을 앞서 지정한 디렉터리에 저장합니다. 적절한 시점에(여기서는 매 단계에서) 값들을 수집하고 저장하면 되며, 나중에 확인할 수 있도록 global_step 값을 이용해 수집한 시점을 기록해 둡니다.

```
summary = sess.run(merged, feed_dict={X: x_data, Y: y_data})
writer.add_summary(summary, global_step=sess.run(global_step))
```

❽ 마지막으로 모델을 저장하고 예측하는 부분을 똑같이 작성합니다.

```
saver.save(sess, './model/dnn.ckpt', global_step=global_step)

prediction = tf.argmax(model, 1)
target = tf.argmax(Y, 1)
print('예측값:', sess.run(prediction, feed_dict={X: x_data}))
print('실제값:', sess.run(target, feed_dict={Y: y_data}))

is_correct = tf.equal(prediction, target)
accuracy = tf.reduce_mean(tf.cast(is_correct, tf.float32))
print('정확도: %.2f' % sess.run(accuracy * 100, feed_dict={X: x_data,
Y: y_data}))
```

이제 실행해봅니다.

NOTE  5.1절의 예제를 실행한 후라면 model을 지우고 실행해야 에러가 나지 않습니다. 모델이
약간 달라졌기 때문에 5.1절에서 저장한 모델을 그대로 불러오면 에러가 발생합니다.

```
Step: 1,  Cost: 1.025
Step: 2,  Cost: 0.931
Step: 3,  Cost: 0.857
...
Step: 99,  Cost: 0.550
Step: 100,  Cost: 0.550
예측값: [0 1 2 0 0 2]
실제값: [0 1 2 0 0 2]
정확도: 100.00
```

실행하고 나면 현재 디렉터리에 logs라는 디렉터리가 새로 생긴 것을 볼 수 있습니다. 맥이나 리눅스의 터미널 또는 윈도우의 명령 프롬프트에서 다음 명령어를 입력합니다.

```
tensorboard --logdir=./logs
```

명령을 실행하면 다음과 같은 메시지가 출력되면서 웹서버가 실행됩니다.

```
Starting TensorBoard b'41' on port 6006
```

웹 브라우저를 이용해 다음 주소로 들어가면 텐서보드의 내용을 확인할 수 있습니다. 주소 마지막의 6006은 앞의 출력 메시지의 맨 마지막 숫자입니다.

http://localhost:6006

웹 브라우저에서 정상적으로 페이지가 열린다면 [SCALARS]와 [GRAPHS] 메뉴를 들어가봅시다.

[SCALARS] 메뉴에서는 tf.summary.scalar('cost', cost)로 수집한 손실값의 변화를 그래프로 직관적으로 확인할 수 있고, [GRAPHS] 메뉴에서는 with tf.name_scope로 그룹핑한 결과를 멋진 그림으로 확인할 수 있습니다. 더블클릭과 드래그 등으로 확대/축소해가며 우리가 만들어낸 멋진 결과들을 뿌듯한 마음으로 감상해봅시다.

그림 5-2 텐서보드 결과 – 손실값의 변화

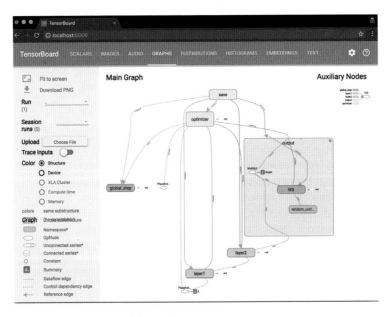

그림 5-3 텐서보드 결과 – 텐서 그래프의 구조

참고로, 각 가중치와 편향 등의 변화를 그래프로 살펴보고 싶다면 다음 코드를 넣고 학습을 진행해보세요. 텐서보드의 [DISTRIBUTIONS], [HISTOGRAMS] 메뉴에서 예쁜 그래프로 편하게 확인할 수 있습니다.

```
tf.summary.histogram("Weights", W1)
```

## 전체 코드

```
❶import tensorflow as tf
 import numpy as np

 data = np.loadtxt('./data.csv', delimiter=',',
                   unpack=True, dtype='float32')

 x_data = np.transpose(data[0:2])
 y_data = np.transpose(data[2:])

 ########
 # 신경망 모델 구성
 #####
 global_step = tf.Variable(0, trainable=False, name='global_step')

 X = tf.placeholder(tf.float32)
 Y = tf.placeholder(tf.float32)

❷with tf.name_scope('layer1'):
     W1 = tf.Variable(tf.random_uniform([2, 10], -1., 1.), name='W1')
     L1 = tf.nn.relu(tf.matmul(X, W1))

 with tf.name_scope('layer2'):
     W2 = tf.Variable(tf.random_uniform([10, 20], -1., 1.), name='W2')
     L2 = tf.nn.relu(tf.matmul(L1, W2))

 with tf.name_scope('output'):
     W3 = tf.Variable(tf.random_uniform([20, 3], -1., 1.), name='W3')
```

```
        model = tf.matmul(L2, W3)

    with tf.name_scope('optimizer'):
        cost = tf.reduce_mean(
            tf.nn.softmax_cross_entropy_with_logits_v2(labels=Y,
                                                       logits=model))

        optimizer = tf.train.AdamOptimizer(learning_rate=0.01)
        train_op = optimizer.minimize(cost, global_step=global_step)

❸       tf.summary.scalar('cost', cost)


    ########
    # 신경망 모델 학습
    #####
❹ sess = tf.Session()
  saver = tf.train.Saver(tf.global_variables())

  ckpt = tf.train.get_checkpoint_state('./model')
  if ckpt and tf.train.checkpoint_exists(ckpt.model_checkpoint_path):
      saver.restore(sess, ckpt.model_checkpoint_path)
  else:
      sess.run(tf.global_variables_initializer())

❺ merged = tf.summary.merge_all()
  writer = tf.summary.FileWriter('./logs', sess.graph)

❻ for step in range(100):
      sess.run(train_op, feed_dict={X: x_data, Y: y_data})

      print('Step: %d, ' % sess.run(global_step),
            'Cost: %.3f' % sess.run(cost, feed_dict={X: x_data, Y: y_data}))

❼     summary = sess.run(merged, feed_dict={X: x_data, Y: y_data})
      writer.add_summary(summary, global_step=sess.run(global_step))

❽ saver.save(sess, './model/dnn.ckpt', global_step=global_step)


  ########
  # 결과 확인
```

```
#####
prediction = tf.argmax(model, 1)
target = tf.argmax(Y, 1)
print('예측값:', sess.run(prediction, feed_dict={X: x_data}))
print('실제값:', sess.run(target, feed_dict={Y: y_data}))

is_correct = tf.equal(prediction, target)
accuracy = tf.reduce_mean(tf.cast(is_correct, tf.float32))
print('정확도: %.2f' % sess.run(accuracy * 100, feed_dict={X: x_data,
Y: y_data}))
```

## 5.3 더 보기

구글에서는 텐서플로로 만들고 학습시킨 모델을 실제 서비스에 적용하기 쉽게 만들어주는 서버 환경인 텐서플로 서빙<sup>TensorFlow Serving</sup>을 제공합니다.

물론 학습된 모델을 사용하는 프로그램을 텐서플로로 직접 만들 수도 있습니다. 하지만 텐서플로 서빙은 쉽게 모델을 변경하거나, 여러 모델을 한 서버에서 서비스하는 등의 다양한 편의 기능을 제공합니다. 구글이 만들었으니 성능도 물론 좋겠죠?

딥러닝을 실제 서비스에 적용하고자 한다면, 텐서플로 서빙을 참고해보시기 바랍니다.

• 텐서플로 서빙 홈페이지 : https://tensorflow.github.io/serving/

# 헬로
## 딥러닝
## MNIST

# 헬로
# 딥러닝
# MNIST

　이번 장에서는 MNIST 데이터셋을 신경망으로 학습시키는 방법을 연습해보겠습니다. MNIST는 손으로 쓴 숫자들의 이미지를 모아놓은 데이터셋으로, 0부터 9까지의 숫자를 28×28픽셀 크기의 이미지로 구성해놓은 것입니다. MNIST 학습은 머신러닝을 공부하는 사람이라면 누구나 거쳐 가는 관문으로, 머신러닝계의 Hello, World!라고도 할 수 있습니다.

　신경망 학습에서는 신경망 모델을 만들고 실험하는 일이 굉장히 중요하지만, 데이터를 모으고 정제하는 일 또한 못지않게 대단히 중요합니다. 하지만 데이터를 모으고 정제하고 정리하는 일은 매우 번거로운 작업인데, MNIST 데이터셋은 이미 잘 정리돼 있어서 처음 머신러닝을 접하는 사람들이 연습을 쉽게 할 수 있도록 도와주는 더없이 소중한 자료입니다. MNIST 데이터셋은 다음 주소에서 내려받을 수 있습니다.

- http://yann.lecun.com/exdb/mnist/

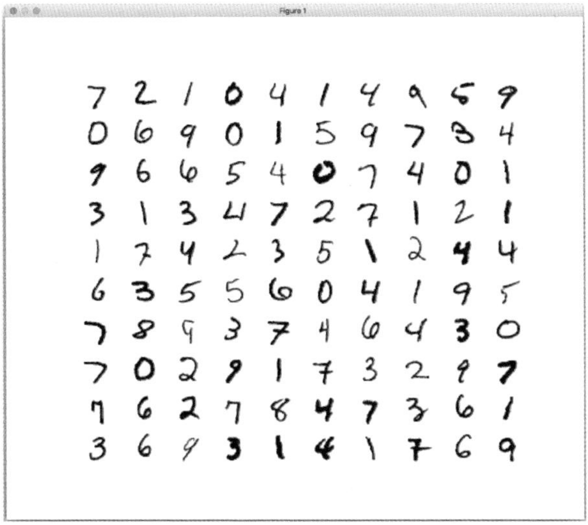

그림 6-1 MNIST 숫자 이미지

## 6.1 MNIST 학습하기

MNIST 데이터셋이 비록 매우 잘 정리되어 있지만, 사용하려면 데이터를 내려받고 읽어 들이고 나누고 또 신경망 학습에 적합한 형식으로 처리하는 번거로운 과정을 거쳐야 합니다. 물론 예상하셨다시피 텐서플로를 이용하면 쉽고 간편하게 사용할 수 있습니다.

그럼 이제부터 얼마나 쉽게 손글씨를 학습할 수 있는지 직접 코드를 작성해보겠습니다.

❶ 가장 먼저 언제나처럼 텐서플로를 임포트하고, 추가로 텐서플로에 내장된 tensorflow.examples.tutorials.mnist.input_data 모듈을 임포트합니다.

```
import tensorflow as tf

from tensorflow.examples.tutorials.mnist import input_data
mnist = input_data.read_data_sets("./mnist/data/", one_hot=True)
```

마지막 줄에서 MNIST 데이터를 내려받고 레이블을 동물 분류 예제에서 본 원-핫 인코딩 방식으로 읽어 들입니다. MNIST 데이터셋을 사용하기 위한 준비는 이게 끝입니다. 우리의 손기락을 편안하게 만들어주신 선구자들께 다시 한번 감사를 드립시다.

❷ 이제 신경망 모델을 구성해보겠습니다. 앞서 말씀드린 것처럼 MNIST의 손글씨 이미지는 $28 \times 28$픽셀로 이뤄져 있습니다. 이는 다시 말해 784개의 특징으로 이뤄져 있다고도 할 수 있습니다. 그리고 레이블은 0부터 9까지이니 10개의 분류로 나누면 되겠죠? 따라서 입력과 출력인 X와 Y를 다음과 같이 정의합니다.

```
X = tf.placeholder(tf.float32, [None, 784])
Y = tf.placeholder(tf.float32, [None, 10])
```

여기서 잠시…, 이미지를 하나씩 학습시키는 것보다 여러 개를 한꺼번에 학습시키는 쪽이 효과가 좋지만, 그만큼 많은 메모리와 높은 컴퓨팅 성능이 뒷받침돼야 합니다. 따라서 일반적으로 데이터를 적당한 크기로 잘라서 학습시키는데, 이것을 **미니배치**minibatch라고 합니다.

앞의 X와 Y 코드에서 텐서의 첫 번째 차원이 None으로 되어 있는 것을 볼 수 있습니다. 이 자리에는 한 번에 학습시킬 MNIST 이미지의 개수를 지정하는 값이 들어갑니다. 즉, 배치 크기를 지정하는 자리입니다. 원하는 배치 크기로 정확히 명시해줘도 되지만, 한 번에 학습할 개수를 계속 바꿔가면서 실험해보려는 경우에는 None으로 넣어주면 텐서플로가 알아서 계산합니다.

이제 2개의 은닉층이 다음처럼 구성된 신경망을 만들어보겠습니다.

```
784(입력, 특징 개수) -> 256 (첫 번째 은닉층 뉴런 개수)
-> 256 (두 번째 은닉층 뉴런 개수) -> 10 (결괏값 0~9 분류 개수)
```

이를 코드로 구성하면 다음과 같습니다.

```
W1 = tf.Variable(tf.random_normal([784, 256], stddev=0.01))
L1 = tf.nn.relu(tf.matmul(X, W1))

W2 = tf.Variable(tf.random_normal([256, 256], stddev=0.01))
L2 = tf.nn.relu(tf.matmul(L1, W2))

W3 = tf.Variable(tf.random_normal([256, 10], stddev=0.01))
model = tf.matmul(L2, W3)
```

간략하게 보여드리기 위해 편향은 사용하지 않고 가중치만으로 구성해보았습니다(편향은 각자 한번 추가해보시기 바랍니다). tf.random_normal([256, 10], stddev=0.01) 함수는 표준편차가 0.01인 정규분포를 가지는 임의의 값으로 뉴런(변수)을 초기화시킵니다.

행렬곱 연산을 수행하는 tf.matmul 함수를 이용하여 각 계층으로 들어오는 입력값에 각각의 가중치를 곱하고, tf.nn.relu 함수를 이용하여 활성화 함수로 ReLU를 사용하는 신경망 계층을 만듭니다.

마지막 계층인 model 텐서에 W3 변수를 곱함으로써 요소 10개짜리 배열이 출력됩니다. 10개의 요소는 0부터 9까지의 숫자를 나타내며, 가장 큰 값을 가진 인덱스가 예측 결과에 가까운 숫자입니다. 출력층에는 보통 활성화 함수를 사용하지 않습니다.

❸ 다음으로 tf.nn.softmax_cross_entropy_with_logits_v2 함수를 이용하여 각 이미지에 대한 손실값(실제값과 예측값의 차이)을 구하고 tf.reduce_mean 함수를 이용해 미니배치의 평균 손실값을 구합니다. 그리고 tf.train.AdamOptimizer 함수를 사용하여 이 손실값을 최소화하는 최적화를 수행하도록 그래프를 구성합니다.

```
cost = tf.reduce_mean(tf.nn.softmax_cross_entropy_with_logits_v2(
                      logits=model, labels=Y))
optimizer = tf.train.AdamOptimizer(0.001).minimize(cost)
```

❹ 그리고 이제 앞에서 구성한 신경망 모델을 초기화하고 학습을 진행할 세션을 시작합니다.

```
init = tf.global_variables_initializer()
sess = tf.Session()
sess.run(init)
```

다음은 학습을 실제로 진행하는 코드를 작성할 차례입니다만, 그에 앞서 학습용 데이터와 테스트용 데이터에 대해 잠깐 알아보도록 하겠습니다.

### 테스트용 데이터를 왜 따로 구분하나요?

머신러닝을 위한 학습 데이터는 항상 학습용과 테스트용으로 분리해서 사용합니다. **학습 데이터**는 학습을 시킬 때 사용하고, **테스트 데이터**는 학습이 잘 되었는지를 확인하는 데 사용합니다. 별도의 테스트 데이터를 사용하는 이유는 학습 데이터로 예측을 하면 예측 정확도가 매우 높게 나오지만, 학습 데이터에 포함되지 않은 새로운 데이터를 예측할 때는 정확도가 매우 떨어지는 경우가 많기 때문입니다. 이처럼 학습 데이터는 예측을 매우 잘 하지만, 실제 데이터는 그렇지 못한 상태를 **과적합**Overfitting이라고 합니다.

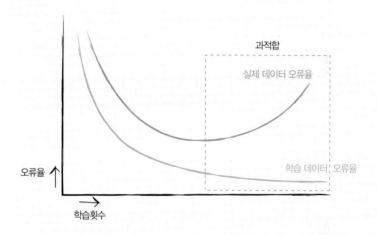

그림 6-2  과적합 현상 그래프

이러한 현상을 확인하고 방지하기 위해 학습 데이터와 테스트 데이터를 분리하고, 학습이 끝나면 항상 테스트 데이터를 사용하여 학습 결과를 검증하여야 합니다.

이를 위해 MNIST 데이터셋은 학습 데이터 6만 개와 테스트 데이터 1만 개로 구성돼 있습니다. 물론 텐서플로를 이용하면 이 역시 쉽게 사용할 수 있습니다. 바로 맨 처음에 읽어 들인 mnist 데이터(객체)에서 mnist.train을 사용하면 학습 데이터를, mnist.test를 사용하면 테스트 데이터를 사용할 수 있습니다.

❺ 다시 본론으로 돌아와 실제 학습을 진행해보죠.

```
batch_size = 100
total_batch = int(mnist.train.num_examples / batch_size)
```

MNIST는 그 데이터가 수만 개로 매우 크므로 학습에 미니배치를 사용할 것입니다. 미니배치의 크기를 100개로 설정하고, 학습 데이터의 총 개수인 mnist.train.num_examples를 배치 크기로 나눠 미니배치기 총 몇 개인지를 저장해 둡니다.

그리고 MNIST 데이터 전체를 학습하는 일을 총 15번 반복합니다(학습 데이터 전체를 한 바퀴 도는 것을 **에포크**<sup>epoch</sup>라고 합니다).

```
for epoch in range(15):
    total_cost = 0
```

그리고 다음 반복문에서 미니배치의 총 개수만큼 반복하여 학습합니다.

```
    for i in range(total_batch):
        batch_xs, batch_ys = mnist.train.next_batch(batch_size)

        _, cost_val = sess.run([optimizer, cost],
            feed_dict={X: batch_xs, Y: batch_ys})
```

반복문 안에서는 먼저 mnist.train.next_batch(batch_size) 함수를 이용해 학습할 데이터를 배치 크기만큼 가져온 뒤, 입력값인 이미지 데이터는 batch_xs에, 출력값인 레이블 데이터는 batch_ys에 저장합니다.

다음으로 sess.run을 이용하여 최적화시키고 손실값을 가져와서 저장합니다.

이때 feed_dict 매개변수에 입력값 X와 예측을 평가할 실제 레이블값 Y에 사용할 데이터를 넣어줍니다.

그리고 손실값을 저장한 다음, 한 세대의 학습이 끝나면 학습한 세대의 평균 손실값을 출력합니다(코드 입력 시 들여쓰기에 주의하세요).

```
        total_cost += cost_val

    print('Epoch:', '%04d' % (epoch + 1),
          'Avg. cost =', '{:.3f}'.format(total_cost / total_batch))

print('최적화 완료!')
```

자, 여기까지가 전체 학습 코드입니다. 설명이 조금 복잡했지만, 코드를 다 입력하고 보면 너무 간단하여 놀랄 것입니다.

❻ 그럼 이제 학습이 잘 되었는지 결과를 한번 출력해볼까요? 다음 코드는 예측 결과인 model의 값과 실제 레이블인 Y의 값을 비교합니다.

```
is_correct = tf.equal(tf.argmax(model, 1), tf.argmax(Y, 1))
```

코드가 약간 복잡해 보이지만 알고 보면 쉽습니다. 하나하나 살펴보겠습니다.

예측한 결괏값은 원-핫 인코딩 형식이며 각 인덱스에 해당하는 값은 다음처럼 해당 숫자가 얼마나 해당 인덱스와 관련이 높은가를 나타냅니다. 즉, 값이 가장 큰 인덱스(이 예에서는 7)가 가장 근접한 예측 결과라는 말이겠죠? (단, 이것은 손실값을 softmax_cross_entropy_with_logits_v2를 이용해 구했기 때문입니다. 초깃값이나 예측 모델, 손실값을 구하는 방식 등에 따라 결과가 달라질 수 있습니다.)

```
[ -0.83351594  -8.53454494    1.5432657    1.28346479  -8.98436928
  -3.59266138  -14.39452267    8.92107677  -2.71162176    0.75642574]
```

다시 코드로 돌아가서, tf.argmax(model, 1)은 두 번째 차원(1번 인덱스의 차원)의 값 중 최댓값의 인덱스를 뽑아내는 함수입니다. model로 출력한 결과는 [None, 10]처럼 결괏값을 배치 크기만큼 가지고 있습니다. 따라서 두 번째 차원이 예측한 각각의 결과입니다.

그러므로 tf.argmax는 앞의 원-핫 인코딩 형식으로 된 예측값에서 가장 큰 값의 인덱스를 뽑아내고, 그 값은 7이 됩니다. 그리고 그 값이 바로 예측 결과입니다. 마찬가지로 tf.argmax(Y, 1)로 실제 레이블에 해당하는 숫자를 가져옵니다. 그런 다음 맨 바깥의 tf.equal 함수를 통해 예측한 숫자와 실제 숫자가 같은지를 확인합니다.

❼ 이제 다음처럼 tf.cast를 이용해 is_correct를 0과 1로 변환합니다. 그리고 변환한 값들을 tf.reduce_mean을 이용해 평균을 내면 그것이 바로 정확도(확률)가 됩니다.

```
accuracy = tf.reduce_mean(tf.cast(is_correct, tf.float32))
```

그리고 다음처럼 테스트 데이터를 다루는 객체인 mnist.test를 이용해 테스트 이미지와 레이블 데이터를 넣어 accuracy를 계산합니다.

```
print('정확도:', sess.run(accuracy,
                    feed_dict={X: mnist.test.images,
                               Y: mnist.test.labels}))
```

이제 실행을 한번 해볼까요? 제 결과는 다음과 같이 나왔습니다.

```
Epoch: 0001 Avg. cost = 0.434
Epoch: 0002 Avg. cost = 0.151
Epoch: 0003 Avg. cost = 0.099
Epoch: 0004 Avg. cost = 0.072
Epoch: 0005 Avg. cost = 0.052
Epoch: 0006 Avg. cost = 0.040
Epoch: 0007 Avg. cost = 0.032
Epoch: 0008 Avg. cost = 0.024
Epoch: 0009 Avg. cost = 0.021
Epoch: 0010 Avg. cost = 0.017
Epoch: 0011 Avg. cost = 0.015
Epoch: 0012 Avg. cost = 0.017
Epoch: 0013 Avg. cost = 0.014
Epoch: 0014 Avg. cost = 0.011
Epoch: 0015 Avg. cost = 0.013
최적화 완료!
정확도: 0.9801
```

단 수십 줄의 코드로 손글씨 인식률 98%를 넘는 신경망을 간단하게 만들어냈습니다!

### 전체 코드

❶ import tensorflow as tf

```
from tensorflow.examples.tutorials.mnist import input_data
mnist = input_data.read_data_sets("./mnist/data/", one_hot=True)

#########
# 신경망 모델 구성
#####
```
❷ X = tf.placeholder(tf.float32, [None, 784])
```
Y = tf.placeholder(tf.float32, [None, 10])
```

```
W1 = tf.Variable(tf.random_normal([784, 256], stddev=0.01))
L1 = tf.nn.relu(tf.matmul(X, W1))

W2 = tf.Variable(tf.random_normal([256, 256], stddev=0.01))
L2 = tf.nn.relu(tf.matmul(L1, W2))

W3 = tf.Variable(tf.random_normal([256, 10], stddev=0.01))
model = tf.matmul(L2, W3)

❸cost = tf.reduce_mean(tf.nn.softmax_cross_entropy_with_logits_v2(
                                logits=model, labels=Y))
optimizer = tf.train.AdamOptimizer(0.001).minimize(cost)


########
# 신경망 모델 학습
#####
❹init = tf.global_variables_initializer()
sess = tf.Session()
sess.run(init)

❺batch_size = 100
total_batch = int(mnist.train.num_examples / batch_size)

for epoch in range(15):
    total_cost = 0

    for i in range(total_batch):
        batch_xs, batch_ys = mnist.train.next_batch(batch_size)

        _, cost_val = sess.run([optimizer, cost],
            feed_dict={X: batch_xs, Y: batch_ys})
        total_cost += cost_val

    print('Epoch:', '%04d' % (epoch + 1),
        'Avg. cost =', '{:.3f}'.format(total_cost / total_batch))


print('최적화 완료!')
```

```
########
# 결과 확인
#####
```
⑥ `is_correct = tf.equal(tf.argmax(model, 1), tf.argmax(Y, 1))`
⑦ `accuracy = tf.reduce_mean(tf.cast(is_correct, tf.float32))`
```
   print('정확도:', sess.run(accuracy,
                          feed_dict={X: mnist.test.images,
                                     Y: mnist.test.labels}))
```

**더 해보기**

머신러닝과 텐서플로 초보자라면 코드가 잘 이해되지 않을 수 있습니다. 그럴 때 가장 간단한 방법은 중간중간 결과를 출력해보는 것입니다. 다음과 같은 코드를 넣어 텐서의 값들이 어떻게 변하는지 출력해봅시다.

```
print(W3)
print(model)
print(sess.run(model,
               feed_dict={X: mnist.test.images,
                          Y: mnist.test.labels})[0])
print(is_correct)
print(sess.run(is_correct,
               feed_dict={X: mnist.test.images,
                          Y: mnist.test.labels}))
```

## 6.2 드롭아웃

앞서 설명한 내용 중 '과적합'이라는 것이 있었습니다. 다시 설명하자면, 과적합이란 학습한 결과가 학습 데이터에는 매우 잘 맞지만, 학습 데이터에만 너무 꼭 맞춰져 있어서 그 외의 데이터에는 잘 맞지 않는 상황을 말합니다.

과적합 문제는 머신러닝의 가장 중요한 과제 중 하나여서 이를 해결하기 위한 매우 다양한 방법이 연구되고 있는데, 그중 가장 효과가 좋은 방법 하나가 바로 **드롭아웃**Dropout입니다.

드롭아웃의 원리는 매우 간단한데, 학습 시 전체 신경망 중 일부만을 사용하도록 하는 것입니다. 즉, 학습 단계마다 일부 뉴런을 제거(사용하지 않도록)함으로써, 일부 특징이 특정 뉴런들에 고정되는 것을 막아 가중치의 균형을 잡도록 하여 과적합을 방지합니다. 다만, 학습 시 일부 뉴런을 학습시키지 않기 때문에 신경망이 충분히 학습되기까지의 시간은 조금 더 오래 걸리는 편입니다.

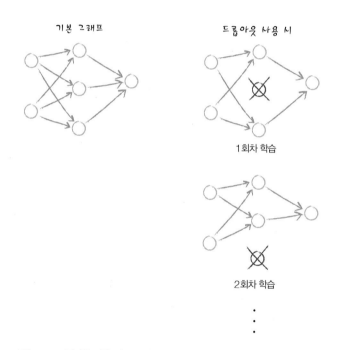

그림 6-3 드롭아웃 사용 시 신경망 그래프

❶ 그럼 앞에서 만든 손글씨 인식 모델에 드롭아웃 기법을 적용해보겠습니다. 드롭아웃 역시 텐서플로가 기본으로 지원해주기 때문에 다음과 같이 아주 간단하게

적용할 수 있습니다.

```
W1 = tf.Variable(tf.random_normal([784, 256], stddev=0.01))
L1 = tf.nn.relu(tf.matmul(X, W1))
L1 = tf.nn.dropout(L1, 0.8)

W2 = tf.Variable(tf.random_normal([256, 256], stddev=0.01))
L2 = tf.nn.relu(tf.matmul(L1, W2))
L2 = tf.nn.dropout(L2, 0.8)
```

보는 바와 같이 계층 구성의 마지막에 tf.nn.dropout 함수를 사용하기만 하면 됩니다. tf.nn.dropout(L2, 0.8)에서 뒤의 0.8은 사용할 뉴런의 비율입니다. 이 경우 학습 시 해당 계층의 약 80% 뉴런만 사용하겠다는 의미입니다.

하지만 주의할 것이 하나 있습니다. 드롭아웃 기법을 사용해 학습하더라도, 학습이 끝난 뒤 예측 시에는 신경망 전체를 사용하도록 해줘야 합니다. 따라서 다음과 같이 keep_prob라는 플레이스홀더를 만들어, 학습 시에는 0.8을 넣어 드롭아웃을 사용하도록 하고, 예측 시에는 1을 넣어 신경망 전체를 사용하도록 만들어야 합니다.

```
keep_prob = tf.placeholder(tf.float32)

W1 = tf.Variable(tf.random_normal([784, 256], stddev=0.01))
L1 = tf.nn.relu(tf.matmul(X, W1))
L1 = tf.nn.dropout(L1, keep_prob)

W2 = tf.Variable(tf.random_normal([256, 256], stddev=0.01))
L2 = tf.nn.relu(tf.matmul(L1, W2))
L2 = tf.nn.dropout(L2, keep_prob)

# 학습 코드: keep_prob를 0.8로 넣어줍니다.
_, cost_val = sess.run([optimizer, cost],
                       feed_dict={X: batch_xs,
```

```
                             Y: batch_ys,
                             keep_prob: 0.8})

# 예측 코드: keep_prob를 1로 넣어줍니다.
print('정확도:', sess.run(accuracy,
                          feed_dict={X: mnist.test.images,
                                     Y: mnist.test.labels,
                                     keep_prob: 1}))
```

그러나 이렇게 드롭아웃 기법을 적용한 뒤 학습을 진행해보면, 아마도 드롭아웃을 적용하지 않은 때와 별 차이 없는 결과를 보게 될 것입니다. 이유는 앞서 말씀드린 대로 드롭아웃을 사용하면 학습이 느리게 진행되기 때문입니다. 그렇다면 학습 세대(epoch)를 30번으로 늘려 조금 더 많이 학습하도록 해봅시다. 그렇게 30세대를 학습시킨 제 결과는 다음과 같습니다.

```
Epoch: 0001 Avg. cost = 0.442
Epoch: 0002 Avg. cost = 0.163
Epoch: 0003 Avg. cost = 0.116
Epoch: 0004 Avg. cost = 0.089
Epoch: 0005 Avg. cost = 0.074
...
Epoch: 0026 Avg. cost = 0.017
Epoch: 0027 Avg. cost = 0.018
Epoch: 0028 Avg. cost = 0.017
Epoch: 0029 Avg. cost = 0.017
Epoch: 0030 Avg. cost = 0.016
최적화 완료!
정확도: 0.983
```

드롭아웃을 사용하지 않은 결과인 0.9801보다 조금 더 나은 결과가 나왔습니다. 그럼 드롭아웃을 사용하지 않은 모델도 30세대를 학습시키면 정확도가 높아질까요? 저는 다음과 같이 과적합으로 인하여 오히려 더 낮아졌습니다.

```
Epoch: 0001 Avg. cost = 0.425
Epoch: 0002 Avg. cost = 0.152
Epoch: 0003 Avg. cost = 0.099
Epoch: 0004 Avg. cost = 0.070
Epoch: 0005 Avg. cost = 0.051
...
Epoch: 0026 Avg. cost = 0.008
Epoch: 0027 Avg. cost = 0.006
Epoch: 0028 Avg. cost = 0.004
Epoch: 0029 Avg. cost = 0.006
Epoch: 0030 Avg. cost = 0.010
최적화 완료!
정확도: 0.9797
```

머신러닝에는 실험적인 경험이 매우 중요합니다. 학습 데이터로도 한번 정확도를 구해 출력해보세요. 과적합의 의미를 더 명확하게 아실 수 있을 것입니다.

### 전체 코드

```python
import tensorflow as tf
import numpy as np

from tensorflow.examples.tutorials.mnist import input_data
mnist = input_data.read_data_sets("./mnist/data/", one_hot=True)

########
# 신경망 모델 구성
#####
X = tf.placeholder(tf.float32, [None, 784])
Y = tf.placeholder(tf.float32, [None, 10])
❶ keep_prob = tf.placeholder(tf.float32)

W1 = tf.Variable(tf.random_normal([784, 256], stddev=0.01))
L1 = tf.nn.relu(tf.matmul(X, W1))
L1 = tf.nn.dropout(L1, keep_prob)
```

```
W2 = tf.Variable(tf.random_normal([256, 256], stddev=0.01))
L2 = tf.nn.relu(tf.matmul(L1, W2))
L2 = tf.nn.dropout(L2, keep_prob)

W3 = tf.Variable(tf.random_normal([256, 10], stddev=0.01))
model = tf.matmul(L2, W3)

cost = tf.reduce_mean(tf.nn.softmax_cross_entropy_with_logits_v2(
                            logits=model, labels=Y))
optimizer = tf.train.AdamOptimizer(0.001).minimize(cost)

########
# 신경망 모델 학습
#####
init = tf.global_variables_initializer()
sess = tf.Session()
sess.run(init)

batch_size = 100
total_batch = int(mnist.train.num_examples / batch_size)

for epoch in range(30):
    total_cost = 0

    for i in range(total_batch):
        batch_xs, batch_ys = mnist.train.next_batch(batch_size)

        _, cost_val = sess.run([optimizer, cost],
                                feed_dict={X: batch_xs,
                                           Y: batch_ys,
                                           keep_prob: 0.8})
        total_cost += cost_val

    print('Epoch:', '%04d' % (epoch + 1),
          'Avg. cost =', '{:.3f}'.format(total_cost / total_batch))

print('최적화 완료!')

########
# 결과 확인
#####
```

```
is_correct = tf.equal(tf.argmax(model, 1), tf.argmax(Y, 1))
accuracy = tf.reduce_mean(tf.cast(is_correct, tf.float32))
print('정확도:', sess.run(accuracy,
                        feed_dict={X: mnist.test.images,
                                   Y: mnist.test.labels,
                                   keep_prob: 1}))
```

**더 해보기**

과적합을 막아주는 기법으로 가장 유명하고 쉽게 이해할 수 있는 것이 드롭아웃이어서 드롭아웃을 소개했습니다. 하지만 최근에는 **배치 정규화**Batch Normalization라는 기법이 많이 이용되는데, 이 기법은 과적합을 막아줄 뿐 아니라 학습 속도도 향상시켜 주는 장점이 있습니다(원래 과적합 문제보다는 학습 시 발산이나 소실 등을 방지하여 학습 속도를 높이기 위해 발명된 기법입니다).

물론 이 기법 역시 tf.nn.batch_normalization과 tf.layers.batch_normalization 함수로 쉽게 적용할 수 있습니다. 특히, 텐서플로의 고수준 API인 tf.layers 라이브러리를 이용하면 다음처럼 매우 간단하게 적용할 수 있습니다.

```
tf.layers.batch_normalization(L1, training=is_training)
```

드롭아웃 대신 배치 정규화를 사용하여 학습 속도와 정확도가 어떻게 달라지는지 확인해보세요. 모델에 따라 적합한 방법이 다를 수 있습니다.

함수에 대한 자세한 설명은 텐서플로 API 문서를, 배치 정규화에 대한 더 자세한 설명은 다음 글을 참고하면 좋습니다.

- Batch Normalization 설명 및 구현 : https://goo.gl/hRG0lr

## 6.3 matplotlib

matplotlib은 시각화를 위해 그래프를 쉽게 그릴 수 있도록 해주는 파이썬 라이브러리입니다. 이번 절에서는 matplotlib을 이용하여 학습 결과를 손글씨 이미지로 확인해보는 간단한 예제를 만들어보겠습니다.

❶ 다음 코드를 앞 절에서 작성한 코드에 추가하면 됩니다. 먼저 matplotlib의 pyplot 모듈을 임포트합니다.

```
import matplotlib.pyplot as plt
```

❷ 테스트 데이터를 이용해 예측 모델을 실행하고 결괏값을 labels에 저장합니다.

```
labels = sess.run(model,
                  feed_dict={X: mnist.test.images,
                             Y: mnist.test.labels,
                             keep_prob: 1})
```

❸ 그런 다음 손글씨를 출력할 그래프를 준비하고,

```
fig = plt.figure()
```

❹ 테스트 데이터의 첫 번째부터 열 번째까지의 이미지와 예측한 값을 출력합니다. 코드 설명은 주석을 참고해주세요.

```
for i in range(10):
    # 2행 5열의 그래프를 만들고, i + 1번째에 숫자 이미지를 출력합니다.
    subplot = fig.add_subplot(2, 5, i + 1)
    # 이미지를 깨끗하게 출력하기 위해 x와 y의 눈금을 출력하지 않습니다.
    subplot.set_xticks([])
    subplot.set_yticks([])
    # 출력한 이미지 위에 예측한 숫자를 출력합니다.
    # np.argmax는 tf.argmax와 같은 기능의 함수입니다.
    # 결괏값인 labels의 i번째 요소가 원-핫 인코딩 형식으로 되어 있으므로,
    # 해당 배열에서 가장 높은 값을 가진 인덱스를 예측한 숫자로 출력합니다.
    subplot.set_title('%d' % np.argmax(labels[i]))
    # 1차원 배열로 되어 있는 i번째 이미지 데이터를
```

```
# 28×28 형식의 2차원 배열로 변형하여 이미지 형태로 출력합니다.
# cmap 파라미터를 통해 이미지를 그레이스케일로 출력합니다.
subplot.imshow(mnist.test.images[i].reshape((28, 28)),
               cmap=plt.cm.gray_r)
```

❺ 마지막으로 그래프를 화면에 표시합니다.

```
plt.show()
```

이제 코드를 실행하면 다음과 같이 손글씨 이미지를 출력하고 그 위에는 예측한 숫자를 출력합니다. 어떤가요? 예측 결과가 마음에 드나요?

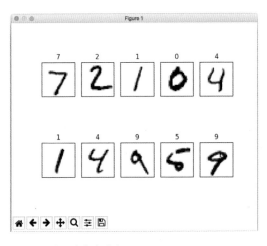

그림 6-4  손글씨 출력 결과

matplotlib 버전 2.0 이상을 사용하는 경우, 맥에서는 에러가 나거나 실행되지 않을 수도 있습니다. 그럴 때는 matplotlib 설정을 수정해주면 되는데, 가장 간단한 방법은 맥의 터미널을 연 뒤 다음 명령을 입력하면 됩니다.

```
echo "backend : TkAgg" > ~/.matplotlib/matplotlibrc
```

또는 matplotlib을 임포트할 때 다음 순서로 진행하면 됩니다.

```
import matplotlib
matplotlib.use('TkAgg')
import matplotlib.pyplot as plt
```

## 전체 코드

```
import tensorflow as tf
import numpy as np
❶ import matplotlib.pyplot as plt

from tensorflow.examples.tutorials.mnist import input_data
mnist = input_data.read_data_sets("./mnist/data/", one_hot=True)

#########
# 신경망 모델 구성
#####
X = tf.placeholder(tf.float32, [None, 784])
Y = tf.placeholder(tf.float32, [None, 10])
keep_prob = tf.placeholder(tf.float32)

W1 = tf.Variable(tf.random_normal([784, 256], stddev=0.01))
L1 = tf.nn.relu(tf.matmul(X, W1))
L1 = tf.nn.dropout(L1, keep_prob)

W2 = tf.Variable(tf.random_normal([256, 256], stddev=0.01))
L2 = tf.nn.relu(tf.matmul(L1, W2))
L2 = tf.nn.dropout(L2, keep_prob)
```

```python
W3 = tf.Variable(tf.random_normal([256, 10], stddev=0.01))
model = tf.matmul(L2, W3)

cost = tf.reduce_mean(tf.nn.softmax_cross_entropy_with_logits_v2(
                        logits=model, labels=Y))
optimizer = tf.train.AdamOptimizer(0.001).minimize(cost)

#########
# 신경망 모델 학습
#####
init = tf.global_variables_initializer()
sess = tf.Session()
sess.run(init)

batch_size = 100
total_batch = int(mnist.train.num_examples / batch_size)

for epoch in range(30):
    total_cost = 0

    for i in range(total_batch):
        batch_xs, batch_ys = mnist.train.next_batch(batch_size)

        _, cost_val = sess.run([optimizer, cost],
                                feed_dict={X: batch_xs,
                                            Y: batch_ys,
                                            keep_prob: 0.8})
        total_cost += cost_val

    print('Epoch:', '%04d' % (epoch + 1),
            'Avg. cost =', '{:.3f}'.format(total_cost / total_batch))

print('최적화 완료!')

#########
# 결과 확인
#####
is_correct = tf.equal(tf.argmax(model, 1), tf.argmax(Y, 1))
accuracy = tf.reduce_mean(tf.cast(is_correct, tf.float32))
print('정확도:', sess.run(accuracy,
```

```
                    feed_dict={X: mnist.test.images,
                               Y: mnist.test.labels,
                               keep_prob: 1}))


    ########
    # 결과 확인 (matplotlib)
    #####
❷labels = sess.run(model,
                   feed_dict={X: mnist.test.images,
                              Y: mnist.test.labels,
                              keep_prob: 1})


❸fig = plt.figure()
❹for i in range(10):
       subplot = fig.add_subplot(2, 5, i + 1)
       subplot.set_xticks([])
       subplot.set_yticks([])
       subplot.set_title('%d' % np.argmax(labels[i]))
       subplot.imshow(mnist.test.images[i].reshape((28, 28)),
                   cmap=plt.cm.gray_r)


❺plt.show()
```

---

더 해보기

- 이미지와 레이블을 범위를 변경해가며 출력해봅시다.
- 학습시킨 모델을 저장하고 예측 결과만 빠르게 출력해봅시다.
- 텐서플로로 손실값 그래프를 확인해봅시다.

# 이미지 인식의 은총알 CNN

# 이미지 인식의 은총알 CNN

　신경망을 구성하는 방식은 다양하며, 그 방식에 따라 특정 문제를 해결하는 성능이 달라지거나 완전히 새로운 방식으로 해결할 수 있습니다. 따라서 신경망 구성 방식 연구가 신경망 학습에 매우 중요합니다.

　이번 장에서 다룰 **합성곱 신경망**, 즉 CNN<sup>Convolutional Neural Network</sup>은 1998년 얀 레쿤<sup>Yann LeCun</sup> 교수가 소개한 이래로 널리 사용되고 있는 신경망으로, 이미지 인식 분야에서는 거의 은총알이라고 할 정도로 강력한 성능을 발휘하고 있습니다. 또한 최근에는 음성인식이나 자연어 처리 등에도 사용되며 활용성에서도 매우 뛰어난 성과를 보여주고 있습니다.

　이번 장에서는 이미지 인식 분야의 절대 강자인 CNN을 이용하여 MNIST 데이터를 학습시켜 보고, 앞서 배운 기본적인 신경망보다 성능이 얼마나 좋아지는지를 확인해보겠습니다.

## 7.1 CNN 개념

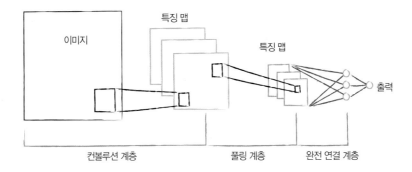

그림 7-1 CNN 기본 구조

CNN 모델은 기본적으로 [그림 7-1]과 같이 **컨볼루션 계층**convolution layer, 합성곱 계층과 **풀링 계층**pooling layer으로 구성됩니다. 그리고 이 계층들을 얼마나 많이, 또 어떠한 방식으로 쌓느냐에 따라 성능 차이는 물론 풀 수 있는 문제가 달라질 수 있습니다.

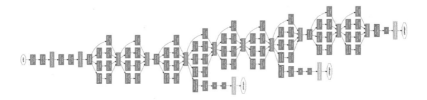

그림 7-2 구글 인셉션 모델의 계층 구성(파란색 – 컨볼루션 계층, 빨간색 – 풀링 계층)

컨볼루션 계층과 풀링 계층의 개념은 매우 간단합니다. (2D 컨볼루션의 경우) 2차원의 평면 행렬에서 지정한 영역의 값들을 하나의 값으로 압축하는 것입니다. 단, 하나의 값으로 압축할 때 컨볼루션 계층은 가중치와 편향을 적용하고, 풀링 계층은 단순히 값들 중 하나를 선택해서 가져오는 방식을 취합니다.

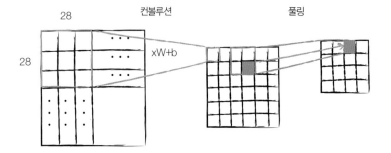

그림 7-3 컨볼루션 계층과 풀링 계층

그리고 [그림 7-4]와 같이 지정한 크기의 영역을 윈도우라고 하며, 이 윈도우의 값을 오른쪽, 그리고 아래쪽으로 한 칸씩 움직이면서 은닉층을 완성합니다. 물론 움직이는 크기 또한 변경할 수 있으며, 몇 칸씩 움직일지 정하는 값을 **스트라이드**stride라고 합니다.

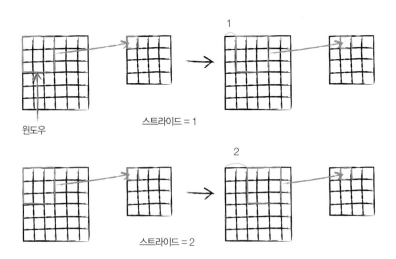

그림 7-4 스트라이드

이렇게 입력층의 윈도우를 은닉층의 뉴런 하나로 압축할 때, 컨볼루션 계층에서는 윈도우 크기만큼의 가중치와 1개의 편향을 적용합니다. 예를 들어 윈도우 크기가 3×3이라면, 3×3개의 가중치와 1개의 편향이 필요합니다. 이 3×3개의 가중치와 1개의 편향을 **커널**kernel 또는 **필터**filter라고 하며, 이 커널은 해당 은닉층을 만들기 위한 모든 윈도우에 공통으로 적용됩니다.

이것이 바로 CNN의 가장 중요한 특징 중의 하나인데, 예를 들어 입력층이 28×28개라고 했을 때, 기본 신경망으로 모든 뉴런을 연결한다면 784개의 가중치를 찾아내야 하지만, 컨볼루션 계층에서는 3×3개인 9개의 가중치만 찾아내면 됩니다. 따라서 계산량이 매우 적어져 학습이 더 빠르고 효율적으로 이뤄집니다.

물론 이렇게 하면 복잡한 특징을 가진 이미지들을 분석하기에는 부족할 수 있으므로 보통 커널을 여러 개 사용합니다. 커널의 크기나 개수 역시 하이퍼파라미터의 하나로써 분석하고자 하는 내용에 따라 커널의 개수를 정하는 일 역시 매우 중요합니다.

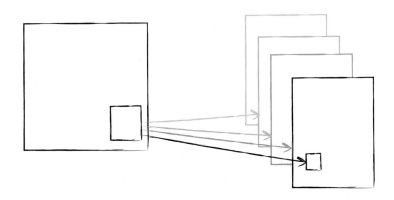

그림 7-5 **다중 커널**

그럼 이제 앞 장에서 사용한 MNIST 데이터를 CNN으로 학습시키는 모델을 만들어보면서 조금 더 자세히 알아보도록 하겠습니다.

## 7.2 모델 구현하기

먼저 처음에 늘 작성하던 코드를 적어넣겠습니다. 이 코드는 어딘가에 저장해두고 사용하면 좋겠네요.

```
import tensorflow as tf

from tensorflow.examples.tutorials.mnist import input_data
mnist = input_data.read_data_sets("./mnist/data/", one_hot=True)
```

❶ 앞 장에서 만든 모델에서는 입력값을 28×28짜리 차원 하나로 구성했지만, CNN 모델에서는 앞서 설명한 것처럼 2차원 평면으로 구성하므로 다음처럼 조금 더 직관적인 형태로 구성할 수 있습니다.

X의 첫 번째 차원인 None은 입력 데이터의 개수입니다. 그리고 마지막 차원인 1은 특징의 개수로, MNIST 데이터는 회색조 이미지라 채널에 색상이 한 개뿐이므로 1을 사용하였습니다. 그리고 출력값인 10개의 분류와, 드롭아웃을 위한 keep_prob 플레이스홀더도 정의해줍니다.

```
X = tf.placeholder(tf.float32, [None, 28, 28, 1])
Y = tf.placeholder(tf.float32, [None, 10])
keep_prob = tf.placeholder(tf.float32)
```

❷ 다음으로 첫 번째 CNN 계층을 구성해보겠습니다. 먼저 앞서 설명한 것처럼 3×3 크기의 커널을 가진 컨볼루션 계층을 만듭니다. 다음처럼 커널에 사용할 가

중치 변수와 텐서플로가 제공하는 tf.nn.conv2d 함수를 사용하면 간단하게 구성할 수 있습니다.

```
W1 = tf.Variable(tf.random_normal([3, 3, 1, 32], stddev=0.01))
L1 = tf.nn.conv2d(X, W1, strides=[1, 1, 1, 1], padding='SAME')
L1 = tf.nn.relu(L1)
```

입력층 X와 첫 번째 계층의 가중치 W1을 가지고, 오른쪽과 아래쪽으로 한 칸씩 움직이는 32개의 커널을 가진 컨볼루션 계층을 만들겠다는 코드입니다. 여기서 padding='SAME'은 커널 슬라이딩 시 이미지의 가장 외곽에서 한 칸 밖으로 움직이는 옵션입니다. 이렇게 하면 이미지의 테두리까지도 조금 더 정확하게 평가할 수 있습니다. 그리고 tf.nn.relu 활성화 함수를 통해 컨볼루션 계층을 완성합니다.

❸ 다음으로 풀링 계층을 만듭니다. 풀링 계층 역시 다음과 같이 텐서플로가 제공하는 함수로 매우 간단하게 작성할 수 있습니다.

```
L1 = tf.nn.max_pool(L1, ksize=[1, 2, 2, 1], strides=[1, 2, 2, 1],
                    padding='SAME')
```

이 코드는 앞서 만든 컨볼루션 계층을 입력층으로 사용하고, 커널 크기를 2×2로 하는 풀링 계층을 만듭니다. strides=[1, 2, 2, 1] 값은 슬라이딩 시 두 칸씩 움직이겠다는 옵션입니다. 이렇게 하면 첫 번째 CNN 계층은 다음과 같이 구성됩니다.

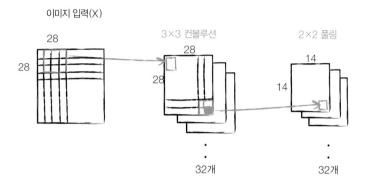

이미지 입력(X)

3×3 컨볼루션

2×2 풀링

28

28

28

28

28

14

14

14

32개

32개

그림 7-6 CNN의 첫 번째 계층의 구성

NOTE 다음은 코드 사이사이에 print(X) 등으로 X와 L1의 텐서 구조를 찍어본 결과입니다.

```
Tensor("Placeholder:0", shape=(?, 28, 28, 1), dtype=float32)
Tensor("Relu:0", shape=(?, 28, 28, 32), dtype=float32)
Tensor("MaxPool:0", shape=(?, 14, 14, 32), dtype=float32)
```

보다시피 풀링 계층은 크기가 변했지만, 컨볼루션 계층은 한 칸씩 슬라이딩하고 외곽을 지나가는 SAME 옵션으로 인해 크기가 변경되지 않았습니다. 이렇게 중간중간 텐서들을 확인해보면 모델의 구성에 대해 더 명확하게 이해하실 수 있을 것입니다.

④ 이제 두 번째 계층을 동일한 방식으로 구성해보겠습니다.

```
W2 = tf.Variable(tf.random_normal([3, 3, 32, 64], stddev=0.01))
L2 = tf.nn.conv2d(L1, W2, strides=[1, 1, 1, 1], padding='SAME')
L2 = tf.nn.relu(L2)
L2 = tf.nn.max_pool(L2, ksize=[1, 2, 2, 1], strides=[1, 2, 2, 1],
                    padding='SAME')
```

3×3 크기의 커널 64개로 구성한 컨볼루션 계층과 2×2 크기의 풀링 계층으로

구성하였습니다. 두 번째 컨볼루션 계층의 커널인 W2 변수의 구성은 [3, 3, 32, 64]입니다. 여기에서 32는 앞서 구성한 첫 번째 컨볼루션 계층의 커널 개수입니다. 이것은 출력층의 개수이며 또한 첫 번째 컨볼루션 계층이 찾아낸 이미지의 특징 개수라고 할 수 있겠습니다.

이렇게 만든 두 번째 CNN 계층은 다음과 같은 구성이 됩니다.

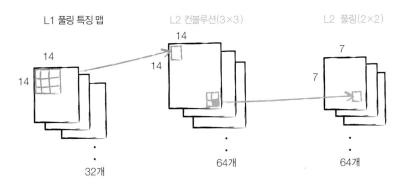

그림 7-7 CNN의 두 번째 계층의 구성

❺ 이제 추출한 특징들을 이용해 10개의 분류를 만들어내는 계층을 구성해보겠습니다.

```
W3 = tf.Variable(tf.random_normal([7 * 7 * 64, 256], stddev=0.01))
L3 = tf.reshape(L2, [-1, 7 * 7 * 64])
L3 = tf.matmul(L3, W3)
L3 = tf.nn.relu(L3)
L3 = tf.nn.dropout(L3, keep_prob)
```

먼저 10개의 분류는 1차원 배열이므로 차원을 줄이는 단계를 거쳐야 합니다. 직전의 풀링 계층 크기가 7×7×64이므로, 먼저 tf.reshape 함수를 이용해 7×

7×64 크기의 1차원 계층으로 만들고, 이 배열 전체를 최종 출력값의 중간 단계인 256개의 뉴런으로 연결하는 신경망을 만들어줍니다. 참고로 이처럼 인접한 계층의 모든 뉴런과 상호 연결된 계층을 **완전 연결 계층**fully connected layer이라고 합니다.

이번 계층에서는 추가로 과적합을 막아주는 드롭아웃 기법을 사용해보았습니다. 추후에 드롭아웃을 다른 계층에도 적용해보고 결과를 확인해보면 좋겠습니다.

❻ 이제 모델 구성의 마지막으로 직전의 은닉층인 L3의 출력값 256개를 빌려 최종 출력값인 0~9 레이블을 갖는 10개의 출력값을 만듭니다.

```
W4 = tf.Variable(tf.random_normal([256, 10], stddev=0.01))
model = tf.matmul(L3, W4)
```

❼ 그리고 다음과 같이 늘 하던 대로 손실 함수와 AdamOptimizer를 이용한 최적화 함수를 만듭니다.

```
cost = tf.reduce_mean(tf.nn.softmax_cross_entropy_with_logits_v2(
                        logits=model, labels=Y))
optimizer = tf.train.AdamOptimizer(0.001).minimize(cost)
```

나중에 다음과 같이 최적화 함수를 RMSPropOptimizer로 바꿔서 결과를 비교해보시는 것도 좋겠습니다.

```
optimizer = tf.train.RMSPropOptimizer(0.001, 0.9).minimize(cost)
```

❽ 자, 그럼 이제 학습을 시키고 결과를 확인하는 코드를 작성하면 됩니다. 전체 구성은 앞서 나온 코드와 큰 차이가 없고, 모델에 입력값을 전달하기 위해 MNIST

데이터를 28×28 형태로 재구성하는 부분만 조금 다릅니다. 이 부분 역시 텐서플로의 MNIST 모듈에서 지원해주므로 다음과 같이 간단하게 작성할 수 있습니다.

```
batch_xs.reshape(-1, 28, 28, 1)
mnist.test.images.reshape(-1, 28, 28, 1)
```

이것을 적용한 학습 및 결과 확인 코드는 다음과 같습니다.

```
init = tf.global_variables_initializer()
sess = tf.Session()
sess.run(init)

batch_size = 100
total_batch = int(mnist.train.num_examples / batch_size)

for epoch in range(15):
    total_cost = 0

    for i in range(total_batch):
        batch_xs, batch_ys = mnist.train.next_batch(batch_size)
        batch_xs = batch_xs.reshape(-1, 28, 28, 1)

        _, cost_val = sess.run([optimizer, cost],
                               feed_dict={X: batch_xs,
                                          Y: batch_ys,
                                          keep_prob: 0.7})
        total_cost += cost_val

    print('Epoch:', '%04d' % (epoch + 1),
          'Avg. cost =', '{:.3f}'.format(total_cost / total_batch))

print('최적화 완료!')

is_correct = tf.equal(tf.argmax(model, 1), tf.argmax(Y, 1))
accuracy = tf.reduce_mean(tf.cast(is_correct, tf.float32))
```

```
print('정확도:', sess.run(accuracy,
                        feed_dict={X: mnist.test.images.reshape(
                                   -1, 28, 28, 1),
                                   Y: mnist.test.labels,
                                   keep_prob: 1}))
```

그럼 이제 실행해볼까요? 저는 다음과 같이 최종적으로 0.9916이라는 정확도를 얻었습니다.

```
Epoch: 0001 Avg. cost = 0.335
Epoch: 0002 Avg. cost = 0.104
Epoch: 0003 Avg. cost = 0.075
Epoch: 0004 Avg. cost = 0.059
Epoch: 0005 Avg. cost = 0.048
Epoch: 0006 Avg. cost = 0.041
Epoch: 0007 Avg. cost = 0.035
Epoch: 0008 Avg. cost = 0.030
Epoch: 0009 Avg. cost = 0.027
Epoch: 0010 Avg. cost = 0.023
Epoch: 0011 Avg. cost = 0.022
Epoch: 0012 Avg. cost = 0.018
Epoch: 0013 Avg. cost = 0.018
Epoch: 0014 Avg. cost = 0.017
Epoch: 0015 Avg. cost = 0.013
최적화 완료!
정확도: 0.9916
```

앞 장에서 CNN을 사용하지 않은 모델로 얻은 결과인 98.3%보다 0.86%나 높은 결과를 얻을 수 있었습니다. 언뜻 0.86%라는 성능 향상이 보잘것없어 보일 수도 있지만, 오류율로 따지면 1.7%에서 0.84%로 두 배 이상 개선된 것입니다. 단 1%를 올리기 위해 수 년에서 수십 년씩 연구한다는 것을 생각해본다면, 이렇게 간단하게 정확도를 향상시킬 수 있다는 것은 말 그대로 마법과 같은 일이 아닐 수 없습니다.

## 전체 코드

```python
import tensorflow as tf

from tensorflow.examples.tutorials.mnist import input_data
mnist = input_data.read_data_sets("./mnist/data/", one_hot=True)

#########
# 신경망 모델 구성
#####
```

❶
```python
X = tf.placeholder(tf.float32, [None, 28, 28, 1])
Y = tf.placeholder(tf.float32, [None, 10])
keep_prob = tf.placeholder(tf.float32)
```

❷
```python
W1 = tf.Variable(tf.random_normal([3, 3, 1, 32], stddev=0.01))
L1 = tf.nn.conv2d(X, W1, strides=[1, 1, 1, 1], padding='SAME')
L1 = tf.nn.relu(L1)
```
❸
```python
L1 = tf.nn.max_pool(L1, ksize=[1, 2, 2, 1], strides=[1, 2, 2, 1],
                    padding='SAME')
```

❹
```python
W2 = tf.Variable(tf.random_normal([3, 3, 32, 64], stddev=0.01))
L2 = tf.nn.conv2d(L1, W2, strides=[1, 1, 1, 1], padding='SAME')
L2 = tf.nn.relu(L2)
L2 = tf.nn.max_pool(L2, ksize=[1, 2, 2, 1], strides=[1, 2, 2, 1],
                    padding='SAME')
```

❺
```python
W3 = tf.Variable(tf.random_normal([7 * 7 * 64, 256], stddev=0.01))
L3 = tf.reshape(L2, [-1, 7 * 7 * 64])
L3 = tf.matmul(L3, W3)
L3 = tf.nn.relu(L3)
L3 = tf.nn.dropout(L3, keep_prob)
```

❻
```python
W4 = tf.Variable(tf.random_normal([256, 10], stddev=0.01))
model = tf.matmul(L3, W4)
```

❼
```python
cost = tf.reduce_mean(tf.nn.softmax_cross_entropy_with_logits_v2(
                      logits=model, labels=Y))
optimizer = tf.train.AdamOptimizer(0.001).minimize(cost)
```

```
########
# 신경망 모델 학습
#####
❽init = tf.global_variables_initializer()
sess = tf.Session()
sess.run(init)

batch_size = 100
total_batch = int(mnist.train.num_examples / batch_size)

for epoch in range(15):
    total_cost = 0

    for i in range(total_batch):
        batch_xs, batch_ys = mnist.train.next_batch(batch_size)
        batch_xs = batch_xs.reshape(-1, 28, 28, 1)

        _, cost_val = sess.run([optimizer, cost],
                               feed_dict={X: batch_xs,
                                          Y: batch_ys,
                                          keep_prob: 0.7})
        total_cost += cost_val

    print('Epoch:', '%04d' % (epoch + 1),
          'Avg. cost =', '{:.3f}'.format(total_cost / total_batch))

print('최적화 완료!')

########
# 결과 확인
#####
is_correct = tf.equal(tf.argmax(model, 1), tf.argmax(Y, 1))
accuracy = tf.reduce_mean(tf.cast(is_correct, tf.float32))
print('정확도:', sess.run(accuracy,
                       feed_dict={X: mnist.test.images.reshape(
                                         -1, 28, 28, 1),
                                  Y: mnist.test.labels,
                                  keep_prob: 1}))
```

## 7.3 고수준 API

지금까지 다양한 신경망 모델을 만들어보면서 텐서플로를 이용하면 신경망 학습을 매우 쉽게 할 수 있다는 사실을 알 수 있었습니다. 하지만 사실 텐서플로는 더 쉬운 방법을 다양하게 제공하고 있습니다. 고수준 API 설명은 이 책의 범위를 넘어서는 것이지만, 맛을 보여드리기 위해 layers 모듈을 이용하여 앞서 만든 CNN 모델을 조금 더 간단하게 만들어보겠습니다.

❶ 다른 부분은 모두 똑같으니 신경망 모델을 구성하는 부분만 간단히 살펴보겠습니다. 앞서 만든 첫 번째 컨볼루션 및 풀링 계층의 코드는 다음과 같습니다.

```
W1 = tf.Variable(tf.random_normal([3, 3, 1, 32], stddev=0.01))
L1 = tf.nn.conv2d(X, W1, strides=[1, 1, 1, 1], padding='SAME')
L1 = tf.nn.relu(L1)
L1 = tf.nn.max_pool(L1, ksize=[1, 2, 2, 1], strides=[1, 2, 2, 1],
                    padding='SAME')
```

이것을 tf.layers 모듈을 이용하면 다음의 두 줄로 줄일 수 있습니다. 두 줄밖에 줄어들지 않았지만, 조금 더 편하고 쉽게 코드를 작성할 수 있습니다.

```
L1 = tf.layers.conv2d(X, 32, [3, 3], activation=nn.tf.relu,
                      padding='SAME')
L1 = tf.layers.max_pooling2d(L1, [2, 2], [2, 2], padding='SAME')
```

❷ 그리고 완전 연결 계층을 만드는 부분의 이전 코드는 다음과 같습니다.

```
W3 = tf.Variable(tf.random_normal([7 * 7 * 64, 256], stddev=0.01))
L3 = tf.reshape(L2, [-1, 7 * 7 * 64])
L3 = tf.matmul(L3, W3)
L3 = tf.nn.relu(L3)
```

이 코드 역시 tf.layers 모듈을 사용하면 다음처럼 간단하게 작성할 수 있습니다. 직접 생각하고 계산해야 하는 것들을 생략할 수 있어 매우 편하게 코드를 작성할 수 있음을 알 수 있습니다.

```
L3 = tf.contrib.layers.flatten(L2)
L3 = tf.layers.dense(L3, 256, activation=tf.nn.relu)
```

이렇게 tf.layers 등의 고급 API를 사용하면 활성화 함수나 컨볼루션 계층을 만들기 위한 나머지 수치들은 알아서 계산하고 적용해줍니다. 또한 가중치를 초기화할 때 기본적으로 xavier_initializer 함수를 쓰는 등, 신경망을 효율적으로 만들어주는 옵션들도 쉽게 사용할 수 있도록 해줍니다.

하지만 처음에는 기본적인 개념과 저수준 API에 익숙해져야 다른 다양한 응용에도 쉽게 적응할 수 있으므로, 이 책에서는 이후에도 가급적 기본 함수들을 사용하여 구현하겠습니다.

다음 장으로 넘어가기 전에 tf.layers로 변경한 전체 코드를 앞서 만든 코드와 비교해보며, 어디를 어떻게 변경했는지를 확인해보기 바랍니다. 그리고 뉴런과 계층 수를 늘리거나 하이퍼파라미터들을 변경하면서 정확도를 더 높여보세요. 0.1%씩 올리는 재미가 꽤 쏠쏠하답니다. :-)

### 전체 코드

```
import tensorflow as tf

from tensorflow.examples.tutorials.mnist import input_data
mnist = input_data.read_data_sets("./mnist/data/", one_hot=True)
```

```
########
# 신경망 모델 구성
#####
X = tf.placeholder(tf.float32, [None, 28, 28, 1])
Y = tf.placeholder(tf.float32, [None, 10])
is_training = tf.placeholder(tf.bool)

❶ L1 = tf.layers.conv2d(X, 32, [3, 3], activation=nn.tf.relu,
                              padding='SAME')
   L1 = tf.layers.max_pooling2d(L1, [2, 2], [2, 2], padding='SAME')
   L1 = tf.layers.dropout(L1, 0.7, is_training)

   L2 = tf.layers.conv2d(L1, 64, [3, 3])
   L2 = tf.layers.max_pooling2d(L2, [2, 2], [2, 2])
   L2 = tf.layers.dropout(L2, 0.7, is_training)

❷ L3 = tf.contrib.layers.flatten(L2)
   L3 = tf.layers.dense(L3, 256, activation=tf.nn.relu)
   L3 = tf.layers.dropout(L3, 0.5, is_training)

   model = tf.layers.dense(L3, 10, activation=None)

   cost = tf.reduce_mean(tf.nn.softmax_cross_entropy_with_logits_v2(
                         logits=model, labels=Y))
   optimizer = tf.train.AdamOptimizer(0.001).minimize(cost)


########
# 신경망 모델 학습
#####
init = tf.global_variables_initializer()
sess = tf.Session()
sess.run(init)

batch_size = 100
total_batch = int(mnist.train.num_examples / batch_size)

for epoch in range(15):
    total_cost = 0
```

```
        for i in range(total_batch):
            batch_xs, batch_ys = mnist.train.next_batch(batch_size)
            batch_xs = batch_xs.reshape(-1, 28, 28, 1)
            _, cost_val = sess.run([optimizer, cost],
                                    feed_dict={X: batch_xs,
                                               Y: batch_ys,
                                               is_training: True})
            total_cost += cost_val

        print('Epoch:', '%04d' % (epoch + 1),
              'Avg. cost =', '{:.4f}'.format(total_cost / total_batch))

print('최적화 완료!')

#########
# 결과 확인
#####
is_correct = tf.equal(tf.argmax(model, 1), tf.argmax(Y, 1))
accuracy = tf.reduce_mean(tf.cast(is_correct, tf.float32))
print('정확도:', sess.run(accuracy,
                      feed_dict={X: mnist.test.images.reshape(
                                     -1, 28, 28, 1),
                                 Y: mnist.test.labels,
                                 is_training: False}))
```

## 7.4 더 보기

CNN을 구현하고 테스트해보면서 아마도 학습 시간이 꽤 걸린다고 생각하셨을 것입니다. 실제 문제를 풀기 시작한다면 더 많은 컴퓨터 자원이 필요할 텐데, 성능 좋은 컴퓨터를 마련하는 것도 방법이지만 클라우드 컴퓨팅을 이용하면 더 저렴하고 빠르게 학습시킬 수 있습니다.

클라우드 컴퓨팅을 이용하는 방법은 다양하지만, 텐서플로를 사용한다면 구글이 제공하는 Cloud ML(https://cloud.google.com/ml-engine/)을 이용해 매우 편하게 학습을 시킬 수 있습니다. 학습뿐 아니라 학습된 모델을 Cloud ML에 올려 쉽고 편하게 예측 서비스에 사용할 수도 있습니다.

이 책에서는 아주 가벼운 모델들만 학습시킬 것이므로 매우 좋은 컴퓨터나 클라우드 컴퓨팅을 이용할 필요는 없습니다. 이 책을 마친 후 더 복잡한 모델들을 만들어 실험해보고 싶다면 Cloud ML을 꼭 한번 확인해보세요.

# 대표적
# 비지도 학습법
# Autoencoder

# 대표적
# 비지도 학습법
# Autoencoder

머신러닝 학습 방법은 크게 지도 학습과 비지도 학습으로 나눌 수 있습니다. **지도 학습**supervised learning은 프로그램에게 원하는 결과를 알려주고 학습하게 하는 방법이고, **비지도 학습**unsupervised learning은 입력값으로부터 데이터의 특징을 찾아내는 학습 방법입니다. 간단하게 말해 지도 학습은 X와 Y가 둘 다 있는 상태에서, 비지도 학습은 X만 있는 상태에서 학습하는 것입니다.

이러한 비지도 학습 중 가장 널리 쓰이는 신경망으로 **오토인코더**Autoencoder가 있습니다.

## 8.1 오토인코더 개념

오토인코더는 다음 그림과 같이 입력값과 출력값을 같게 하는 신경망이며, 가운데 계층의 노드 수가 입력값보다 적은 것이 독특한 점입니다. 이런 구조로 인해 입력 데이터를 압축하는 효과를 얻게 되고, 또 이 과정이 노이즈 제거에 매우 효과적이라고 알려져 있습니다.

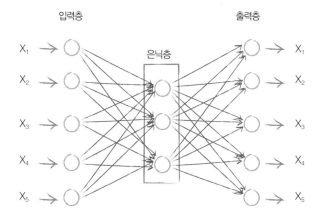

**그림 8-1** 오토인코더 기본 구조

오토인코더의 핵심은 입력층으로 들어온 데이터를 인코더를 통해 은닉층으로
내보내고, 은닉층의 데이터를 디코더를 통해 출력층으로 내보낸 뒤, 만들어진 출
력값을 입력값과 비슷해지도록 만드는 가중치를 찾아내는 것입니다.

오토인코더는 변이형 오토인코더<sup>Variational Autoencoder</sup>, 잡음제거 오토인코더<sup>Denoising</sup>
<sup>Autoencoder</sup> 등 다양한 방식이 있지만, 여기서는 아주 기본적인 형태를 구현하면서
개념을 이해해보도록 하겠습니다.

## 8.2 오토인코더 구현하기

❶ 먼저 늘 하던 일을 합니다. 텐서플로와 행렬변환 및 계산을 도와주는 numpy,
결과를 멋있게 출력해보기 위한 matplotlib, 그리고 MNIST 모듈을 임포트하고
학습시킬 데이터를 준비합니다.

```
import tensorflow as tf
import numpy as np
import matplotlib.pyplot as plt
```

```
from tensorflow.examples.tutorials.mnist import input_data
mnist = input_data.read_data_sets("./mnist/data/", one_hot=True)
```

❷ 이번에는 다음과 같이 하이퍼파라미터로 사용할 옵션들을 따로 빼내어 코드를 조금 구조화해봤습니다.

```
learning_rate = 0.01
training_epoch = 20
batch_size = 100
n_hidden = 256
n_input = 28*28
```

learning_rate는 최적화 함수에서 사용할 학습률, training_epoch는 전체 데이터를 학습할 총횟수, batch_size는 미니배치로 한 번에 학습할 데이터(이미지)의 개수입니다. n_hidden은 은닉층의 뉴런 개수, n_input은 입력값의 크기입니다. n_input은 우리가 사용할 MNIST의 이미지 크기가 $28 \times 28$이므로 784가 됩니다.

❸ 다음으로 구현의 핵심인 신경망 모델을 구성해보겠습니다. 먼저 X의 플레이스홀더를 설정합니다. 이 모델은 비지도 학습이므로 Y 값이 없습니다.

```
X = tf.placeholder(tf.float32, [None, n_input])
```

❹ 오토인코더의 핵심 모델은 앞서 본 그림처럼 인코더와 디코더를 만드는 것입니다. 인코더와 디코더를 만드는 방식에 따라 다양한 오토인코더를 만들 수 있습니다. 우리는 아주 간단한 인코더와 디코더를 만들어보겠습니다. 먼저 인코더입니다.

```
W_encode = tf.Variable(tf.random_normal([n_input, n_hidden]))
b_encode = tf.Variable(tf.random_normal([n_hidden]))

encoder = tf.nn.sigmoid(
                tf.add(tf.matmul(X, W_encode), b_encode))
```

맨 처음에는 n_hidden개의 뉴런을 가진 은닉층을 만듭니다. 이제 많이들 익숙해지셨듯이 가중치와 편향 변수를 원하는 뉴런의 개수만큼 설정하고, 그 변수들을 입력값과 곱하고 더한 뒤, 활성화 함수인 sigmoid 함수를 적용합니다.

이때 중요한 것은 입력값인 n_input 값보다 n_hidden 값이 더 작다는 점입니다(물론 은닉층이 더 큰 오토인코더 모델도 있습니다). 이렇게 하면 입력값을 압축하고 노이즈를 제거하면서 입력값의 특징을 찾아내게 됩니다.

❺ 다음은 디코더 차례입니다.

```
W_decode = tf.Variable(tf.random_normal([n_hidden, n_input]))
b_decode = tf.Variable(tf.random_normal([n_input]))
decoder = tf.nn.sigmoid(
                tf.add(tf.matmul(encoder, W_decode), b_decode))
```

디코더도 인코더와 같은 구성입니다. 다만, 입력값을 은닉층의 크기로, 출력값을 입력층의 크기로 만들었습니다. 이렇게 하면 최종 모델의 구성은 다음과 같아집니다.

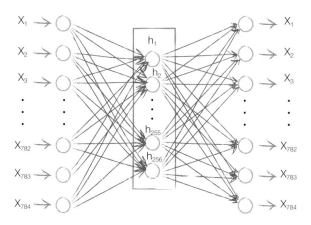

그림 8-2 입력층(784) → 은닉층(256) → 출력층(784)

❻ 그런 다음 가중치들을 최적화하기 위한 손실 함수를 만들어봅시다. 우리가 만드는 기본적인 오토인코더의 목적은 출력값을 입력값과 가장 비슷하게 만드는 것입니다. 그렇게 하면 압축된 은닉층의 뉴런들을 통해 입력값의 특징을 알아낼 수 있습니다.

따라서 다음과 같이 입력값인 X를 평가하기 위한 실측값으로 사용하고, 디코더가 내보낸 결괏값과의 차이를 손실값으로 설정하겠습니다. 그리고 이 값의 차이는 거리 함수로 구하도록 하겠습니다. 설명이 약간 복잡하게 느껴질 수 있지만, 코드로는 다음과 같이 간단하게 표현할 수 있습니다.

```
cost = tf.reduce_mean(tf.pow(X - decoder, 2))
```

❼ 마지막으로 RMSPropOptimizer 함수를 이용한 최적화 함수를 설정합니다.

```
optimizer = tf.train.RMSPropOptimizer(learning_rate).minimize(cost)
```

❽ 그리고 언제나와 같이 학습을 진행하는 코드를 작성하겠습니다. 이 부분도 어디엔가 저장해두면 좋겠군요. :-)

```
init = tf.global_variables_initializer()
sess = tf.Session()
sess.run(init)

total_batch = int(mnist.train.num_examples / batch_size)

for epoch in range(training_epoch):
    total_cost = 0

    for i in range(total_batch):
        batch_xs, batch_ys = mnist.train.next_batch(batch_size)
        _, cost_val = sess.run([optimizer, cost],
                               feed_dict={X: batch_xs})
        total_cost += cost_val

    print('Epoch:', '%04d' % (epoch + 1),
          'Avg. cost =', '{:.4f}'.format(total_cost / total_batch))

print('최적화 완료!')
```

❾ 이번에는 결괏값을 정확도가 아닌, 디코더로 생성해낸 결과를 직관적인 방법으로 확인해보겠습니다. 결과를 확인하는 방법은 다양하지만, 여기서는 간단하게 matplotlib을 이용해 이미지로 출력해보겠습니다.

먼저 총 10개의 테스트 데이터를 가져와 디코더를 이용해 출력값으로 만듭니다.

```
sample_size = 10

samples = sess.run(decoder,
                   feed_dict={X: mnist.test.images[:sample_size]})
```

그런 다음 numpy 모듈을 이용해 MNIST 데이터를 $28 \times 28$ 크기의 이미지 데이터로 재구성한 뒤, matplotlib의 imshow 함수를 이용해 그래프에 이미지로 출력합니다. 위쪽에는 입력값의 이미지를, 아래쪽에는 신경망으로 생성한 이미지를 출력합니다.

```python
fig, ax = plt.subplots(2, sample_size, figsize=(sample_size, 2))

for i in range(sample_size):
    ax[0][i].set_axis_off()
    ax[1][i].set_axis_off()
    ax[0][i].imshow(np.reshape(mnist.test.images[i], (28, 28)))
    ax[1][i].imshow(np.reshape(samples[i], (28, 28)))

plt.show()
```

그럼 이제 코드를 실행해 결과를 확인해보겠습니다.

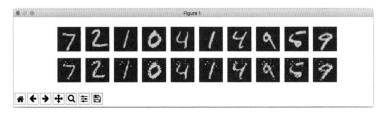

그림 8-3  출력 결과

그림의 위쪽은 원본, 아래쪽은 신경망이 생성한 이미지입니다. 어떤가요? 신경망이 생성해낸 결과가 마음에 드나요?

## 전체 코드

```
❶ import tensorflow as tf
   import numpy as np
   import matplotlib.pyplot as plt

   from tensorflow.examples.tutorials.mnist import input_data
   mnist = input_data.read_data_sets("./mnist/data/", one_hot=True)


   #########
   # 옵션 설정
   #####
❷ learning_rate = 0.01
   training_epoch = 20
   batch_size = 100
   n_hidden = 256
   n_input = 28*28


   #########
   # 신경망 모델 구성
   #####
❸ X = tf.placeholder(tf.float32, [None, n_input])

❹ W_encode = tf.Variable(tf.random_normal([n_input, n_hidden]))
   b_encode = tf.Variable(tf.random_normal([n_hidden]))
   encoder = tf.nn.sigmoid(
                   tf.add(tf.matmul(X, W_encode), b_encode))

❺ W_decode = tf.Variable(tf.random_normal([n_hidden, n_input]))
   b_decode = tf.Variable(tf.random_normal([n_input]))
   decoder = tf.nn.sigmoid(
                   tf.add(tf.matmul(encoder, W_decode), b_decode))

❻ cost = tf.reduce_mean(tf.pow(X - decoder, 2))
❼ optimizer = tf.train.RMSPropOptimizer(learning_rate).minimize(cost)


   #########
   # 신경망 모델 학습
   #####
```

```
❽ init = tf.global_variables_initializer()
  sess = tf.Session()
  sess.run(init)

  total_batch = int(mnist.train.num_examples / batch_size)

  for epoch in range(training_epoch):
      total_cost = 0

      for i in range(total_batch):
          batch_xs, batch_ys = mnist.train.next_batch(batch_size)
          _, cost_val = sess.run([optimizer, cost],
                                 feed_dict={X: batch_xs})
          total_cost += cost_val

      print('Epoch:', '%04d' % (epoch + 1),
            'Avg. cost =', '{:.4f}'.format(total_cost / total_batch))

  print('최적화 완료!')

  ########
  # 결과 확인
  #####
❾ sample_size = 10

  samples = sess.run(decoder,
                     feed_dict={X: mnist.test.images[:sample_size]})

  fig, ax = plt.subplots(2, sample_size, figsize=(sample_size, 2))

  for i in range(sample_size):
      ax[0][i].set_axis_off()
      ax[1][i].set_axis_off()
      ax[0][i].imshow(np.reshape(mnist.test.images[i], (28, 28)))
      ax[1][i].imshow(np.reshape(samples[i], (28, 28)))

  plt.show()
```

# 딥러닝의
## 미래
## GAN

# 딥러닝의 미래 GAN

2016년의 가장 뜨거운 감자였던 딥러닝 모델인 GAN<sup>Generative Adversarial Network</sup>은 오토인코더와 같이 결과물을 생성하는 생성 모델 중 하나로, 서로 대립<sup>adversarial</sup>하는 두 신경망을 경쟁시켜가며 결과물 생성 방법을 학습합니다.

이해를 돕기 위해 GAN을 제안한 이안 굿펠로우<sup>Ian Goodfellow</sup>가 논문에서 제시한 아주 적절한 비유를 빌려왔습니다. 위조지폐범(생성자)과 경찰(구분자)에 대한 이야기로, 위조지폐범은 경찰을 최대한 속이려고 노력하고, 경찰은 위조한 지폐를 최대한 감별하려고 노력한다는 이야기입니다. 이처럼 위조지폐를 만들고 감별하려는 경쟁을 통해 서로의 능력이 발전하게 되고, 그러다 보면 결국 위조지폐범은 진짜와 거의 구분할 수 없을 정도로 진짜 같은 위조지폐를 만들 수 있게 된다는 것입니다.

이를 신경망 모델의 구조로 그려보면 다음과 같습니다.

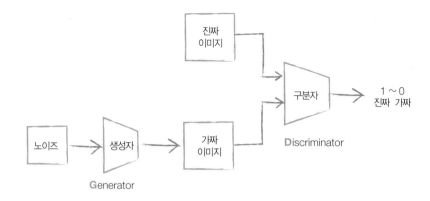

그림 9-1 GAN 기본 구조

먼저 실제 이미지를 주고 **구분자**[Discriminator]에게 이 이미지가 진짜임을 판단하게 합니다. 그런 다음 **생성자**[Generator]를 통해 노이즈로부터 임의의 이미지를 만들고 이것을 다시 같은 구분자를 통해 진짜 이미지인지를 판단하게 합니다. 이렇게 생성자는 구분자를 속여 진짜처럼 보이게 하고, 구분자는 생성자가 만든 이미지를 최대한 가짜라고 구분하도록 훈련하는 것이 GAN의 핵심입니다. 이렇게 생성자와 구분자의 경쟁을 통해 결과적으로 생성자는 실제 이미지와 상당히 비슷한 이미지를 생성해낼 수 있게 됩니다.

이 기법은 사진을 고흐 풍 그림으로 다시 그려준다거나, 선으로만 그려진 만화를 자동으로 채색한다거나, 모자이크를 없앤다거나 하는 등의 놀라운 결과를 만들어내면서 딥러닝 기술에서 가장 중요한 한 축으로 자리 잡게 되었습니다. 이미지 생성 외에도 GAN 기법을 이용한 자연어 문장 생성 등에 관한 연구도 활발하게 이뤄지고 있습니다.

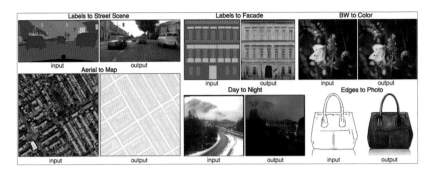

그림 9-2 Image-to-Image 변환 (출처: https://arxiv.org/pdf/1611.07004v1.pdf)

그림 9-3 Paints Chainer (출처: https://github.com/pfnet/PaintsChainer)

이번 장에서는 이 GAN 모델을 이용하여 MNIST 손글씨 숫자를 무작위로 생성하는 간단한 예제를 만들어보고, 모델을 조금 확장하여 원하는 숫자에 해당하는 이미지를 생성하는 모델을 만들어보겠습니다.

## 9.1 GAN 기본 모델 구현하기

❶ 먼저 필요한 라이브러리를 불러들입니다. 이번 절에서는 생성된 이미지들을 보여줄 것이므로 matplotlib과 numpy도 같이 임포트합니다.

```
import tensorflow as tf
import matplotlib.pyplot as plt
import numpy as np

from tensorflow.examples.tutorials.mnist import input_data
mnist = input_data.read_data_sets("./mnist/data/", one_hot=True)
```

❷ 다음으로는 하이퍼파라미터들을 설정합니다.

```
total_epoch = 100
batch_size = 100
learning_rate = 0.0002
n_hidden = 256
n_input = 28 * 28
n_noise = 128
```

이제 설명하지 않아도 어떤 내용인지 아시겠죠? 마지막의 n_noise는 생성자의
입력값으로 사용할 노이즈의 크기입니다. 랜덤한 노이즈를 입력하고 그 노이즈에
서 손글씨 이미지를 무작위로 생성해내도록 할 것입니다.

❸ 다음으로 플레이스홀더를 설정합니다. GAN도 비지도 학습이므로 오토인코더
처럼 Y를 사용하지 않습니다. 다만 구분자에 넣을 이미지가 실제 이미지와 생성
한 가짜 이미지 두 개이고, 가짜 이미지는 노이즈에서 생성할 것이므로 노이즈를
입력할 플레이스홀더 Z를 추가하였습니다.

```
X = tf.placeholder(tf.float32, [None, n_input])
Z = tf.placeholder(tf.float32, [None, n_noise])
```

❹ 그런 다음 생성자 신경망에 사용할 변수들을 설정합니다. 첫 번째 가중치와 편향은 은닉층으로 출력하기 위한 변수들이고, 두 번째 가중치와 편향은 출력층에 사용할 변수들입니다. 따라서 두 번째 가중치의 변수 크기는 실제 이미지의 크기와 같아야 합니다. 그 크기는 바로 n_input으로, 28×28인 784가 됩니다.

```
G_W1 = tf.Variable(tf.random_normal([n_noise, n_hidden], stddev=0.01))
G_b1 = tf.Variable(tf.zeros([n_hidden]))
G_W2 = tf.Variable(tf.random_normal([n_hidden, n_input], stddev=0.01))
G_b2 = tf.Variable(tf.zeros([n_input]))
```

❺ 이어서 구분자 신경망에 사용할 변수들을 설정합니다. 은닉층은 생성자와 동일하게 구성했습니다. 구분자는 진짜와 얼마나 가까운가를 판단하는 값으로, 0~1 사이의 값을 출력할 것입니다. 따라서 하나의 스칼라값을 출력하도록 구성했습니다.

```
D_W1 = tf.Variable(tf.random_normal([n_input, n_hidden], stddev=0.01))
D_b1 = tf.Variable(tf.zeros([n_hidden]))
D_W2 = tf.Variable(tf.random_normal([n_hidden, 1], stddev=0.01))
D_b2 = tf.Variable(tf.zeros([1]))
```

NOTE 실제 이미지를 판별하는 구분자 신경망과 생성한 이미지를 판별하는 구분자 신경망은 같은 변수를 사용해야 합니다. 같은 신경망으로 구분을 시켜야 진짜 이미지와 가짜 이미지를 구분하는 특징들을 동시에 잡아낼 수 있기 때문입니다.

❻ 이제 생성자와 구분자 신경망을 구성해보겠습니다. 먼저 생성자 신경망입니다.

```
def generator(noise_z):
    hidden = tf.nn.relu(
```

```
                    tf.matmul(noise_z, G_W1) + G_b1)
    output = tf.nn.sigmoid(
                    tf.matmul(hidden, G_W2) + G_b2)

    return output
```

생성자는 무작위로 생성한 노이즈를 받아 가중치와 편향을 반영하여 은닉층을 만들고, 은닉층에서 실제 이미지와 같은 크기의 결괏값을 출력하는 간단한 구성입니다.

❼ 구분자 신경망 역시 같은 구성이지만, 0~1 사이의 스칼라값 하나를 출력하도록 하였으며, 이를 위한 활성화 함수로 sigmoid 함수를 사용하였습니다.

```
def discriminator(inputs):
    hidden = tf.nn.relu(
                    tf.matmul(inputs, D_W1) + D_b1)
    output = tf.nn.sigmoid(
                    tf.matmul(hidden, D_W2) + D_b2)

    return output
```

❽ 그리고 무작위한 노이즈를 만들어주는 간단한 유틸리티 함수를 만들어둡니다.

```
def get_noise(batch_size, n_noise):
    return np.random.normal(size=(batch_size, n_noise))
```

❾ 마지막으로 노이즈 Z를 이용해 가짜 이미지를 만들 생성자 G를 만들고, 이 G가 만든 가짜 이미지와 진짜 이미지 X를 각각 구분자에 넣어 입력한 이미지가 진짜인지를 판별하도록 합니다.

```
G = generator(Z)
D_gene = discriminator(G)
D_real = discriminator(X)
```

이들을 잘 학습시키면 생성자가 실제에 가까운 이미지를 만들 수 있게 됩니다.

⑩ 다음으로는 손실값을 구해야 하는데, 이번에는 두 개가 필요합니다. 즉, 생성자가 만든 이미지를 구분자가 가짜라고 판단하도록 하는 손실값(경찰 학습용)과 진짜라고 판단하도록 하는 손실값(위조지폐범 학습용)을 구해야 합니다.

경찰을 학습시키려면 진짜 이미지 판별값 D_real은 1에 가까워야 하고(진짜라고 판별), 가짜 이미지 판별값 D_gene는 0에 가까워야 합니다(가짜라고 판별). GAN 논문의 수식은 조금 복잡해 보이지만, 코드로는 다음과 같이 간단하게 작성할 수 있습니다.

```
loss_D = tf.reduce_mean(tf.log(D_real) + tf.log(1 - D_gene))
```

간단하게 설명해 'D_real'과 '1에서 D_gene를 뺀 값'을 더한 값을 손실값으로 하여, 이 값을 최대화하면 경찰 학습이 이뤄집니다.

다음으로 위조지폐범 학습은 가짜 이미지 판별값 D_gene를 1에 가깝게 만들기만 하면 됩니다. 즉, 가짜 이미지를 넣어도 진짜같다고 판별해야 합니다. 다음과 같이 D_gene를 그대로 넣어 이를 손실값으로 하고, 이 값을 최대화하면 위조지폐범을 학습시킬 수 있습니다.

```
loss_G = tf.reduce_mean(tf.log(D_gene))
```

즉, GAN의 학습은 loss_D와 loss_G 모두를 최대화하는 것입니다. 다만 loss_D와 loss_G는 서로 연관되어 있어서 두 손실값이 항상 같이 증가하는 경향을 보이지는 않을 것입니다. loss_D가 증가하려면 loss_G는 하락해야 하고, 반대로 loss_G가 증가하려면 loss_D는 하락해야 하는 경쟁 관계기 때문입니다.

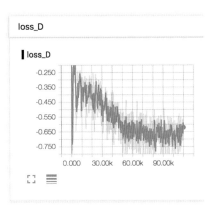
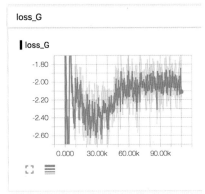

그림 9-4 GAN 손실값 그래프

⑪ 이제 이 손실값들을 이용해 학습시키는 일만 남았습니다. 이때 주의할 것이 하나 있습니다. loss_D를 구할 때는 구분자 신경망에 사용되는 변수들만 사용하고, loss_G를 구할 때는 생성자 신경망에 사용되는 변수들만 사용하여 최적화해야 합니다. 그래야 loss_D를 학습할 때는 생성자가 변하지 않고, loss_G를 학습할 때는 구분자가 변하지 않기 때문입니다.

```
D_var_list = [D_W1, D_b1, D_W2, D_b2]
G_var_list = [G_W1, G_b1, G_W2, G_b2]
```

이어서 변수들을 최적화하는 함수들을 구성합니다. GAN 논문에 따르면 loss를 최대화해야 합니다만, 최적화에 쓸 수 있는 함수는 minimize뿐이므로 최적화하려는 loss_D와 loss_G에 음수 부호를 붙여줬습니다.

```
train_D = tf.train.AdamOptimizer(learning_rate).minimize(-loss_D,
                                            var_list=D_var_list)
train_G = tf.train.AdamOptimizer(learning_rate).minimize(-loss_G,
                                            var_list=G_var_list)
```

⓬ 이것으로 준비는 끝났고, 학습을 시키는 코드를 작성해보겠습니다. 지금까지
본 학습 코드와 거의 같지만, 이번 모델에서는 두 개의 손실값을 학습시켜야 해서
코드가 약간 추가되었습니다.

```
sess = tf.Session()
sess.run(tf.global_variables_initializer())

total_batch = int(mnist.train.num_examples / batch_size)
loss_val_D, loss_val_G = 0, 0
```

먼저 세션 설정과 미니배치를 위한 코드를 만들고 loss_D와 loss_G의 결괏값
을 받을 변수를 설정합니다.

그런 다음 미니배치로 학습을 반복하도록 합니다. 여기서 구분자는 X 값을, 생
성자는 노이즈인 Z 값을 받으므로 노이즈를 생성해주는 get_noise 함수를 통해
배치 크기만큼 노이즈를 만들고 이를 입력해줍니다. 그리고 구분자와 생성자 신
경망을 각각 학습시킵니다.

```
for epoch in range(total_epoch):
    for i in range(total_batch):
        batch_xs, batch_ys = mnist.train.next_batch(batch_size)
        noise = get_noise(batch_size, n_noise)

        _, loss_val_D = sess.run([train_D, loss_D],
```

```
                                    feed_dict={X: batch_xs, Z: noise})
        _, loss_val_G = sess.run([train_G, loss_G],
                                    feed_dict={Z: noise})

    print('Epoch:', '%04d' % epoch,
          'D loss: {:.4}'.format(loss_val_D),
          'G loss: {:.4}'.format(loss_val_G))
```

⑬ 드디어 GAN 모델을 완성하였습니다! 그럼 이제 학습 결과를 확인하는 코드를
작성해보겠습니다.

학습이 잘 되는지는 0번째, 9번째, 19번째, 29번째, …마다 생성기로 이미지를
생성하여 눈으로 직접 확인하도록 하겠습니다. 결과를 확인하는 코드는 학습 루
프 안에 작성해야 합니다.

노이즈를 만들고, 이것을 생성자 G에 넣어 결괏값을 만든 뒤,

```
if epoch == 0 or (epoch + 1) % 10 == 0:
    sample_size = 10
    noise = get_noise(sample_size, n_noise)
    samples = sess.run(G, feed_dict={Z: noise})
```

이 결괏값들을 28×28 크기의 가짜 이미지로 만들어 samples 폴더에 저장하
도록 하였습니다. samples 폴더는 미리 만들어져 있어야 합니다.

```
    fig, ax = plt.subplots(1, sample_size, figsize=(sample_size, 1))

    for i in range(sample_size):
        ax[i].set_axis_off()
        ax[i].imshow(np.reshape(samples[i], (28, 28)))

    plt.savefig('samples/{}.png'.format(str(epoch).zfill(3)),
                bbox_inches='tight')
```

```
    plt.close(fig)

print('최적화 완료!')
```

코드를 다 작성하였으니 실행을 한 번 해보겠습니다. 시간이 조금 오래 걸리니
커피 한 잔 드시고 오세요.

그림 9-5 GAN으로 생성한 이미지들

[그림 9-5]는 제가 실행하여 생성한 이미지들입니다. 학습이 정상적으로 진행

되었다면 그림과 같이 학습 세대가 지나면서 이미지가 점점 더 그럴듯해지는 것을 볼 수 있습니다.

## 전체 코드

```
❶ import tensorflow as tf
   import matplotlib.pyplot as plt
   import numpy as np

   from tensorflow.examples.tutorials.mnist import input_data
   mnist = input_data.read_data_sets("./mnist/data/", one_hot=True)

   ########
   # 옵션 설정
   #####
❷ total_epoch = 100
   batch_size = 100
   learning_rate = 0.0002
   n_hidden = 256
   n_input = 28 * 28
   n_noise = 128

   ########
   # 신경망 모델 구성
   #####
❸ X = tf.placeholder(tf.float32, [None, n_input])
   Z = tf.placeholder(tf.float32, [None, n_noise])

❹ G_W1 = tf.Variable(tf.random_normal([n_noise, n_hidden], stddev=0.01))
   G_b1 = tf.Variable(tf.zeros([n_hidden]))
   G_W2 = tf.Variable(tf.random_normal([n_hidden, n_input], stddev=0.01))
   G_b2 = tf.Variable(tf.zeros([n_input]))

❺ D_W1 = tf.Variable(tf.random_normal([n_input, n_hidden], stddev=0.01))
   D_b1 = tf.Variable(tf.zeros([n_hidden]))
   D_W2 = tf.Variable(tf.random_normal([n_hidden, 1], stddev=0.01))
   D_b2 = tf.Variable(tf.zeros([1]))
```

```
❻def generator(noise_z):
     hidden = tf.nn.relu(
                   tf.matmul(noise_z, G_W1) + G_b1)
     output = tf.nn.sigmoid(
                   tf.matmul(hidden, G_W2) + G_b2)

     return output


❼def discriminator(inputs):
     hidden = tf.nn.relu(
                   tf.matmul(inputs, D_W1) + D_b1)
     output = tf.nn.sigmoid(
                   tf.matmul(hidden, D_W2) + D_b2)

     return output


❽def get_noise(batch_size, n_noise):
     return np.random.normal(size=(batch_size, n_noise))


❾G = generator(Z)
  D_gene = discriminator(G)
  D_real = discriminator(X)

❿loss_D = tf.reduce_mean(tf.log(D_real) + tf.log(1 - D_gene))
  loss_G = tf.reduce_mean(tf.log(D_gene))

⓫D_var_list = [D_W1, D_b1, D_W2, D_b2]
  G_var_list = [G_W1, G_b1, G_W2, G_b2]

  train_D = tf.train.AdamOptimizer(learning_rate).minimize(-loss_D,
                                    var_list=D_var_list)
  train_G = tf.train.AdamOptimizer(learning_rate).minimize(-loss_G,
                                    var_list=G_var_list)

########
# 신경망 모델 학습
#####
```

```
⑫ sess = tf.Session()
  sess.run(tf.global_variables_initializer())

  total_batch = int(mnist.train.num_examples / batch_size)
  loss_val_D, loss_val_G = 0, 0

  for epoch in range(total_epoch):
      for i in range(total_batch):
          batch_xs, batch_ys = mnist.train.next_batch(batch_size)
          noise = get_noise(batch_size, n_noise)

          _, loss_val_D = sess.run([train_D, loss_D],
                                   feed_dict={X: batch_xs, Z: noise})
          _, loss_val_G = sess.run([train_G, loss_G],
                                   feed_dict={Z: noise})

      print('Epoch:', '%04d' % epoch,
            'D loss: {:.4}'.format(loss_val_D),
            'G loss: {:.4}'.format(loss_val_G))

      ########
      # 확인용 이미지 생성
      #####
⑬     if epoch == 0 or (epoch + 1) % 10 == 0:
          sample_size = 10
          noise = get_noise(sample_size, n_noise)
          samples = sess.run(G, feed_dict={Z: noise})

          fig, ax = plt.subplots(1, sample_size, figsize=(sample_size, 1))

          for i in range(sample_size):
              ax[i].set_axis_off()
              ax[i].imshow(np.reshape(samples[i], (28, 28)))

          plt.savefig('samples/{}.png'.format(str(epoch).zfill(3)),
                      bbox_inches='tight')
          plt.close(fig)

  print('최적화 완료!')
```

## 9.2 원하는 숫자 생성하기

이번에는 숫자를 무작위로 생성하지 않고 원하는 숫자를 지정해 생성하는 모델을 만들어보겠습니다.

❶ 다양한 방법이 있지만 우리는 간단하게 노이즈에 레이블 데이터를 힌트로 넣어주는 방법을 사용하겠습니다.

```python
import tensorflow as tf
import matplotlib.pyplot as plt
import numpy as np

from tensorflow.examples.tutorials.mnist import input_data
mnist = input_data.read_data_sets("./mnist/data/", one_hot=True)

total_epoch = 100
batch_size = 100
n_hidden = 256
n_input = 28 * 28
n_noise = 128
n_class = 10

X = tf.placeholder(tf.float32, [None, n_input])
Y = tf.placeholder(tf.float32, [None, n_class])
Z = tf.placeholder(tf.float32, [None, n_noise])
```

먼저 플레이스홀더로 Y 값을 추가했습니다. 결괏값 판정용은 아니고, 노이즈와 실제 이미지에 각각에 해당하는 숫자를 힌트로 넣어주는 용도로 사용할 것입니다. 많이 보아온 것처럼 MNIST 데이터의 레이블은 원-핫-인코딩한 10개의 값으로 되어 있습니다.

❷ 다음으로 생성자 신경망을 구성해볼 텐데, 여기서는 변수들을 선언하지 않고

tf.layers를 사용해보겠습니다. 앞서 본 것처럼 GAN 모델은 생성자와 구분자를 동시에 학습시켜야 하고, 따라서 학습 시 각 신경망의 변수들을 따로따로 학습시켜야 했습니다. 하지만 tf.layers를 사용하면 변수를 선언하지 않고 다음과 같이 tf.variable_scope를 이용해 스코프를 지정해줄 수 있습니다. 이렇게 하면 나중에 이 스코프에 해당하는 변수들만 따로 불러올 수 있습니다.

그런 다음 tf.concat 함수를 이용해 noise 값에 labels 정보를 간단하게 추가합니다. 그리고 tf.layers.dense 함수를 이용해 은닉층(hidden)을 만들고, 마찬가지로 진짜 이미지와 같은 크기의 값을 만드는 출력층(output)도 구성합니다.

```
def generator(noise, labels):
    with tf.variable_scope('generator'):
        inputs = tf.concat([noise, labels], 1)

        hidden = tf.layers.dense(inputs, n_hidden,
                                 activation=tf.nn.relu)
        output = tf.layers.dense(hidden, n_input,
                                 activation=tf.nn.sigmoid)

    return output
```

❸ 이제 생성자 신경망과 같은 방법으로 구분자 신경망을 만듭니다. 여기서 주의할 점은 구분자는 진짜 이미지를 판별할 때와 가짜 이미지를 판별할 때 똑같은 변수를 사용해야 한다는 것입니다. 그러기 위해 scope.reuse_variables 함수를 이용해 이전에 사용한 변수를 재사용하도록 작성합니다.

```
def discriminator(inputs, labels, reuse=None):
    with tf.variable_scope('discriminator') as scope:
        if reuse:
            scope.reuse_variables()
```

```
        inputs = tf.concat([inputs, labels], 1)

        hidden = tf.layers.dense(inputs, n_hidden,
                                 activation=tf.nn.relu)
        output = tf.layers.dense(hidden, 1,
                                 activation=None)

    return output
```

여기서는 출력값에 활성화 함수를 사용하지 않았는데, 앞서와는 다르게 손실값 계산에 sigmoid_cross_entropy_with_logits 함수를 사용하기 위함입니다.

❹ 그리고 노이즈 생성 유틸리티 함수에서 이번에는 노이즈를 균등분포로 생성하도록 작성해보았습니다.

```
def get_noise(batch_size, n_noise):
    return np.random.uniform(-1., 1., size=[batch_size, n_noise])
```

❺ 이제 모델 구성의 마지막으로, 앞서와 같이 생성자를 구성하고 진짜 이미지 데이터와 생성자가 만든 이미지 데이터를 이용하는 구분자를 하나씩 만들어줍니다. 이때 생성자에는 레이블 정보를 추가하여 추후 레이블 정보에 해당하는 이미지를 생성할 수 있도록 유도합니다. 그리고 가짜 이미지 구분자를 만들 때는 진짜 이미지 구분자에서 사용한 변수들을 재사용하도록 reuse 옵션을 True로 설정합니다.

```
G = generator(Z, Y)
D_real = discriminator(X, Y)
D_gene = discriminator(G, Y, True)
```

❻ 다음은 손실 함수를 만들 차례인데, http://bamos.github.io/2016/08/09/deep-completion/ 주소의 글을 참고하여 GAN 논문의 방식과는 약간 다르게 작성하였습니다.

앞서와 똑같이 진짜 이미지를 판별하는 D_real 값은 1에 가까워지도록 하고 가짜 이미지를 판별하는 D_gene 값은 0에 가까워지도록 하는 것이지만, sigmoid_cross_entropy_with_logits 함수를 이용하면 코드를 조금 더 간편하게 작성할 수 있습니다.

```
loss_D_real = tf.reduce_mean(
                tf.nn.sigmoid_cross_entropy_with_logits(
                    logits=D_real, labels=tf.ones_like(D_real)))
loss_D_gene = tf.reduce_mean(
                tf.nn.sigmoid_cross_entropy_with_logits(
                    logits=D_gene, labels=tf.zeros_like(D_gene)))

loss_D = loss_D_real + loss_D_gene
```

먼저 loss_D는 loss_D_real과 loss_D_gene를 합친 것으로, 이 값을 최소화하면 구분자(경찰)를 학습시킬 수 있습니다.

이렇게 되려면 D_real은 1에 가까워야 하고(실제 이미지는 진짜라고 판별), D_gene는 0에 가까워야 합니다(생성한 이미지는 가짜라고 판별). 이를 위해 loss_D_real은 D_real의 결괏값과 D_real의 크기만큼 1로 채운 값들을 비교하고(ones_like 함수), loss_D_gene는 D_gene의 결괏값과 D_gene의 크기만큼 0으로 채운 값들을 비교하도록 하였습니다(zeros_like 함수).

❼ 그런 다음 loss_G를 구합니다. loss_G는 생성자(위조지폐범)를 학습시키기 위한 손실값으로, sigmoid_cross_entropy_with_logits 함수를 이용하여 D_ gene를 1에 가깝게 만드는 값을 손실값으로 취하도록 합니다.

```
loss_G = tf.reduce_mean(
                    tf.nn.sigmoid_cross_entropy_with_logits(
                        logits=D_gene, labels=tf.ones_like(D_gene)))
```

❽ 마지막으로 텐서플로가 제공하는 tf.get_collection 함수를 이용해
discriminator와 generator 스코프에서 사용된 변수들을 가져온 뒤, 이 변수
들을 최적화에 사용할 각각의 손실 함수와 함께 최적화 함수에 넣어 학습 모델 구
성을 마무리합니다.

```
vars_D = tf.get_collection(tf.GraphKeys.TRAINABLE_VARIABLES,
                            scope='discriminator')
vars_G = tf.get_collection(tf.GraphKeys.TRAINABLE_VARIABLES,
                            scope='generator')

train_D = tf.train.AdamOptimizer().minimize(loss_D,
                                            var_list=vars_D)
train_G = tf.train.AdamOptimizer().minimize(loss_G,
                                            var_list=vars_G)
```

❾ 이제 학습을 진행하는 코드를 작성하겠습니다. 앞서 만든 GAN 모델과 거의
똑같습니다만, 플레이스홀더 Y의 입력값으로 batch_ys 값을 넣어준다는 것만
주의하면 됩니다.

```
sess = tf.Session()
sess.run(tf.global_variables_initializer())

total_batch = int(mnist.train.num_examples / batch_size)
loss_val_D, loss_val_G = 0, 0
```

```
for epoch in range(total_epoch):
    for i in range(total_batch):
        batch_xs, batch_ys = mnist.train.next_batch(batch_size)
        noise = get_noise(batch_size, n_noise)

        _, loss_val_D = sess.run([train_D, loss_D],
                    feed_dict={X: batch_xs, Y: batch_ys, Z: noise})
        _, loss_val_G = sess.run([train_G, loss_G],
                    feed_dict={Y: batch_ys, Z: noise})

    print('Epoch:', '%04d' % epoch,
          'D loss: {:.4}'.format(loss_val_D),
          'G loss: {:.4}'.format(loss_val_G))
```

⑩ 마지막으로 학습 중간중간에 생성자로 만든 이미지를 저장하는 코드를 작성합니다. 앞서와 다를 바 없지만, 역시 플레이스홀더 Y의 입력값을 넣어준다는 것이 다릅니다. 또한, 진짜 이미지와 비교해보기 위해 위쪽에는 진짜 이미지를 출력하고 아래쪽에는 생성한 이미지를 출력하도록 하였습니다.

```
if epoch == 0 or (epoch + 1) % 10 == 0:
    sample_size = 10
    noise = get_noise(sample_size, n_noise)
    samples = sess.run(G,
                    feed_dict={Y: mnist.test.labels[:sample_size],
                               Z: noise})

    fig, ax = plt.subplots(2, sample_size, figsize=(sample_size, 2))

    for i in range(sample_size):
        ax[0][i].set_axis_off()
        ax[1][i].set_axis_off()

        ax[0][i].imshow(np.reshape(mnist.test.images[i], (28, 28)))
        ax[1][i].imshow(np.reshape(samples[i], (28, 28)))
```

```
        plt.savefig('samples2/{}.png'.format(str(epoch).zfill(3)),
                    bbox_inches='tight')
        plt.close(fig)

print('최적화 완료!')
```

제가 실행한 결과는 다음과 같습니다.

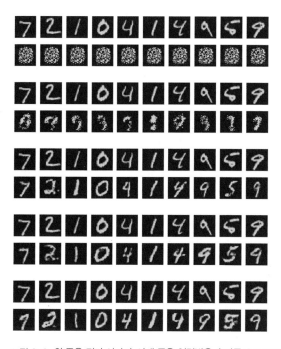

그림 9-6 위 줄은 진짜 이미지, 아래 줄은 입력받은 숫자를 GAN으로 생성한 이미지

어떤가요? 진짜와 가짜가 구분이 잘 되나요?

노이즈가 무작위로 만들어지니 매번 조금씩 다른 이미지가 생성됩니다. 여기서 중요한 것은 생성된 이미지들은 MNIST 데이터에 없는 새로운 손글씨 이미지라는 것입니다! 뭔가 재미있는 아이디어가 많이 떠오르지 않나요? :-)

```
❶ import tensorflow as tf
   import matplotlib.pyplot as plt
   import numpy as np

   from tensorflow.examples.tutorials.mnist import input_data
   mnist = input_data.read_data_sets("./mnist/data/", one_hot=True)

   ########
   # 옵션 설정
   #####
   total_epoch = 100
   batch_size = 100
   n_hidden = 256
   n_input = 28 * 28
   n_noise = 128
   n_class = 10

   ########
   # 신경망 모델 구성
   #####
   X = tf.placeholder(tf.float32, [None, n_input])
   Y = tf.placeholder(tf.float32, [None, n_class])
   Z = tf.placeholder(tf.float32, [None, n_noise])


❷ def generator(noise, labels):
       with tf.variable_scope('generator'):
           inputs = tf.concat([noise, labels], 1)

           hidden = tf.layers.dense(inputs, n_hidden,
                                    activation=tf.nn.relu)
           output = tf.layers.dense(hidden, n_input,
                                    activation=tf.nn.sigmoid)

       return output
```

```
❸def discriminator(inputs, labels, reuse=None):
    with tf.variable_scope('discriminator') as scope:
        if reuse:
            scope.reuse_variables()

        inputs = tf.concat([inputs, labels], 1)

        hidden = tf.layers.dense(inputs, n_hidden,
                                 activation=tf.nn.relu)
        output = tf.layers.dense(hidden, 1,
                                 activation=None)

    return output

❹def get_noise(batch_size, n_noise):
    return np.random.uniform(-1., 1., size=[batch_size, n_noise])

❺G = generator(Z, Y)
 D_real = discriminator(X, Y)
 D_gene = discriminator(G, Y, True)

❻loss_D_real = tf1.reduce_mean(
                 tf.nn.sigmoid_cross_entropy_with_logits(
                     logits=D_real, labels=tf.ones_like(D_real)))
 loss_D_gene = tf.reduce_mean(
                 tf.nn.sigmoid_cross_entropy_with_logits(
                     logits=D_gene, labels=tf.zeros_like(D_gene)))
 loss_D = loss_D_real + loss_D_gene

❼loss_G = tf.reduce_mean(
                 tf.nn.sigmoid_cross_entropy_with_logits(
                     logits=D_gene, labels=tf.ones_like(D_gene)))

❽vars_D = tf.get_collection(tf.GraphKeys.TRAINABLE_VARIABLES,
                            scope='discriminator')
 vars_G = tf.get_collection(tf.GraphKeys.TRAINABLE_VARIABLES,
                            scope='generator')

 train_D = tf.train.AdamOptimizer().minimize(loss_D,
                                             var_list=vars_D)
```

```
    train_G = tf.train.AdamOptimizer().minimize(loss_G,
                                    var_list=vars_G)


#########
# 신경망 모델 학습
#####
❾ sess = tf.Session()
  sess.run(tf.global_variables_initializer())

  total_batch = int(mnist.train.num_examples / batch_size)
  loss_val_D, loss_val_G = 0, 0

  for epoch in range(total_epoch):
      for i in range(total_batch):
          batch_xs, batch_ys = mnist.train.next_batch(batch_size)
          noise = get_noise(batch_size, n_noise)

          _, loss_val_D = sess.run([train_D, loss_D],
                      feed_dict={X: batch_xs, Y: batch_ys, Z: noise})
          _, loss_val_G = sess.run([train_G, loss_G],
                      feed_dict={Y: batch_ys, Z: noise})

      print('Epoch:', '%04d' % epoch,
            'D loss: {:.4}'.format(loss_val_D),
            'G loss: {:.4}'.format(loss_val_G))


      #########
      # 확인용 이미지 생성
      #####
❿     if epoch == 0 or (epoch + 1) % 10 == 0:
          sample_size = 10
          noise = get_noise(sample_size, n_noise)
          samples = sess.run(G,
                      feed_dict={Y: mnist.test.labels[:sample_size],
                                  Z: noise})

          fig, ax = plt.subplots(2, sample_size, figsize=(sample_size, 2))

          for i in range(sample_size):
              ax[0][i].set_axis_off()
```

```
        ax[1][i].set_axis_off()

        ax[0][i].imshow(np.reshape(mnist.test.images[i], (28, 28)))
        ax[1][i].imshow(np.reshape(samples[i], (28, 28)))

    plt.savefig('samples2/{}.png'.format(str(epoch).zfill(3)),
                bbox_inches='tight')
    plt.close(fig)

print('최적화 완료!')
```

---

**더 해보기**

시간이 허락한다면 학습 결과를 Saver를 통해 저장한 뒤 숫자를 임의로 넣어 생성하는 프로그램, 그리고 생성자와 구분자를 CNN으로 구성한 모델을 한번 만들어보세요. 다양한 곳에 사용할 수 있는 재미있는 아이디어가 많이 떠오를 것으로 생각합니다.

## 9.3 더 보기

GAN 이론에 관해서는 다음 블로그에서 쉽고 자세하게 설명해주고 있습니다. GAN에 관심이 간다면 참고해주세요.

- 초짜 대학원생 입장에서 이해하는 Generative Adversarial Nets
  - https://goo.gl/ZvSvtm

# 번역과 챗봇
# 모델의 기본
# RNN

# 번역과 챗봇
# 모델의 기본
# RNN

이미지 인식에 CNN이 있다면, 자연어 인식에는 **순환 신경망**이라고 하는 RNN<sup>Recurrent Neural Network</sup>이 있습니다. RNN은 상태가 고정된 데이터를 처리하는 다른 신경망과는 달리 자연어 처리나 음성 인식처럼 순서가 있는 데이터를 처리하는 데 강점을 가진 신경망입니다.

예를 들어 "우와~ 영화 참 재밌네"와 "망할! 영화 참 재밌네"라는 문장이 있을 때, "영화 참 재밌네"의 뜻은 앞의 "우와~" 또는 "망할!"이라는 단어에 따라 달라질 것입니다. 이처럼 앞이나 뒤의 정보에 따라 전체의 의미가 달라지거나, 앞의 정보로 다음에 나올 정보를 추측하려는 경우에 RNN을 사용하면 성능 좋은 프로그램을 만들 수 있습니다.

2016년에 알파고와 함께 한참 화제가 된 구글의 신경망 기반 기계번역이 바로 이 RNN을 이용하여 만든 서비스입니다. 구글에서는 이 신경망을 이용하여 수개월 만에 기존에 제공하던 통계 기반 번역 서비스의 성능을 한참 뛰어넘을 수 있었다고 합니다. 또한 지속적인 학습으로 빠르게 성능을 개선하여, 몇몇 언어에서는 인간에 가까운 수준에 도달했다고 합니다.

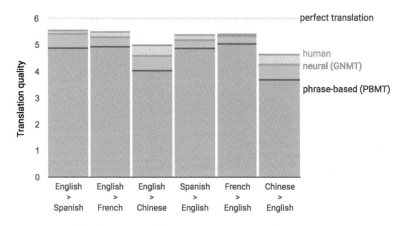

그림 10-1 구글 기계번역 성능 그래프 (출처: https://goo.gl/jRlrL6)

이번 장에서는 RNN의 기본적인 사용법을 배우고, 마지막에는 Sequence to Sequence 모델을 이용해 간단한 번역 프로그램을 만들어보겠습니다.

## 10.1 MNIST를 RNN으로

RNN의 개념은 다른 신경망과는 많이 다릅니다. 따라서 개념을 쉽게 이해하기 위해, 먼저 계속 사용해온 손글씨 이미지를 RNN 방식으로 학습하고 예측하는 모델을 만들어보겠습니다.

기본적인 RNN의 개념은 [그림 10-2]와 같습니다.

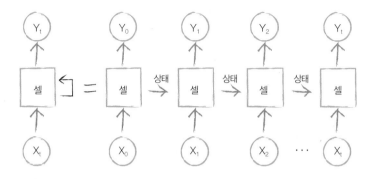

그림 10-2 RNN 기본 개념

이 그림의 가운데에 있는 한 덩어리의 신경망을 RNN에서는 **셀**[Cell]이라고 하며, RNN은 이 셀을 여러 개 중첩하여 심층 신경망을 만듭니다. 간단하게 말해 앞 단계에서 학습한 결과를 다음 단계의 학습에 이용하는 것인데, 이런 구조로 인해 학습 데이터를 단계별로 구분하여 입력해야 합니다. 따라서 MNIST의 입력값도 단계별로 입력할 수 있는 형태로 변경해줘야 합니다.

사람은 글씨를 위에서 아래로 내려가면서 쓰는 경향이 많으니 데이터를 [그림 10-3]처럼 구성하겠습니다. MNIST 데이터가 가로·세로 28×28 크기이니, 가로 한 줄의 28픽셀을 한 단계의 입력값으로 삼고, 세로줄이 총 28개이므로 28단계를 거쳐 데이터를 입력받는 개념입니다.

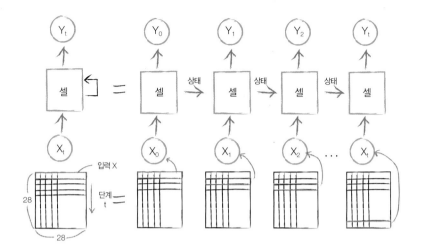

그림 10-3 RNN에 맞춘 MNIST 데이터

❶ 그럼 이제 코드를 작성해보도록 하겠습니다. 다음은 학습에 사용할 하이퍼파라미터들과 변수, 출력층을 위한 가중치와 편향을 정의한 부분입니다.

```
import tensorflow as tf

from tensorflow.examples.tutorials.mnist import input_data
mnist = input_data.read_data_sets("./mnist/data/", one_hot=True)

learning_rate = 0.001
total_epoch = 30
batch_size = 128

n_input = 28
n_step = 28
n_hidden = 128
n_class = 10

X = tf.placeholder(tf.float32, [None, n_step, n_input])
Y = tf.placeholder(tf.float32, [None, n_class])
```

```
W = tf.Variable(tf.random_normal([n_hidden, n_class]))
b = tf.Variable(tf.random_normal([n_class]))
```

기존 모델과 다른 점은 입력값 X에 n_step이라는 차원을 하나 추가한 부분입니다. 앞에서 설명한 대로 RNN은 순서가 있는 데이터를 다루므로 한 번에 입력받을 개수와 총 몇 단계로 이뤄진 데이터를 받을지를 설정해야 합니다. 이를 위해 가로 픽셀 수를 n_input으로, 세로 픽셀 수를 입력 단계인 n_step으로 설정하였습니다.

출력값은 계속해온 것처럼 MNIST의 분류인 0~9까지 10개의 숫자를 원-핫 인코딩으로 표현하도록 만들었습니다.

❷ 그런 다음 n_hidden개의 출력값을 갖는 RNN 셀을 생성합니다. RNN을 저수준부터 직접 구현하려면 다른 신경망보다 복잡한 계산을 거쳐야 하지만, 텐서플로를 이용하면 다음처럼 매우 간단하게 생성할 수 있습니다.

```
cell = tf.nn.rnn_cell.BasicRNNCell(n_hidden)
```

여기서는 신경망 구성을 위해 BasicRNNCell 함수를 사용하였지만, 텐서플로는 이 외에도 BasicLSTMCell, GRUCell 등 다양한 방식의 셀을 사용할 수 있는 함수들을 제공합니다. RNN의 기본 신경망은 긴 단계의 데이터를 학습할 때 맨 뒤에서는 맨 앞의 정보를 잘 기억하지 못하는 특성이 있습니다. 이를 보완하기 위해 다양한 구조가 만들어졌고, 그중 가장 많이 사용되는 것이 LSTM<sup>Long Short-Term Memory</sup>이라는 신경망입니다. GRU<sup>Gated Recurrent Units</sup>는 LSTM과 비슷하지만, 구조가 조금 더 간단한 신경망 아키텍처입니다.

❸ 다음으로 dynamic_rnn 함수를 이용해 RNN 신경망을 완성합니다.

```
outputs, states = tf.nn.dynamic_rnn(cell, X, dtype=tf.float32)
```

앞서 생성한 RNN 셀과 입력값, 그리고 입력값의 자료형을 넣어주기만 하면 간단하게 신경망을 생성할 수 있습니다.

원래는 다음과 같이 주어진 단계를 반복하는 과정을 거쳐야 합니다.

```
states = tf.zeros(batch_size)
for i in range(n_step):
    outputs, states = cell(X[[:, i]], states)
...
```

앞의 RNN 그림처럼 한 단계를 학습한 뒤 상태를 저장하고, 그 상태를 다음 단계의 입력 상태로 하여 다시 학습합니다. 이렇게 주어진 단계만큼 반복하여 상태를 전파하면서 출력값을 만들어가는 것이 RNN의 기본 구조입니다.

하지만 반복 단계에서 고려해야 할 것이 많으므로, 우리는 이 과정을 대신 해주는 dynamic_rnn 함수를 바로 사용했습니다. 이 함수를 사용하면 마법같이 단 두 줄로 RNN 모델의 핵심 구조(셀과 신경망)를 만들 수 있습니다. 고마워요 제프 딘!

❹ 자, 그럼 RNN에서 나온 출력값을 가지고 최종 출력값을 만들어보겠습니다.

결괏값을 원-핫 인코딩 형태로 만들 것이므로 손실 함수로 tf.nn.softmax_cross_entropy_with_logits_v2를 사용하겠습니다. 이 함수를 사용하려면 최종 결괏값이 실측값 Y와 동일한 형태인 [batch_size, n_class]여야 합니다. 앞에서 이 형태의 출력값을 만들기 위해서 가중치와 편향을 다음과 같이 설정했습니다.

```
W = tf.Variable(tf.random_normal([n_hidden, n_class]))
b = tf.Variable(tf.random_normal([n_class]))
```

그런데 RNN 신경망에서 나오는 출력값은 각 단계가 포함된 [batch_size, n_step, n_hidden] 형태입니다. 따라서 다음 코드와 같이 은닉층의 출력값을 가중치 W와 같은 형태로 만들어줘야 행렬곱을 수행하여 원하는 출력값을 얻을 수 있습니다. (참고로 dynamic_rnn 함수의 옵션 중 time_major의 값을 True로 하면 [n_step, batch_size, n_hidden] 형태로 출력됩니다.)

```
# outputs : [batch_size, n_step, n_hidden]
# -> [n_step, batch_size, n_hidden]
outputs = tf.transpose(outputs, [1, 0, 2])
# -> [batch_size, n_hidden]
outputs = outputs[-1]
```

tf.transpose 함수를 이용해 n_step과 batch_size 차원의 순서를 바꾸고 n_step 차원을 제거하여 마지막 단계의 결괏값만 취했습니다.

❺ 이제 인공신경망의 기본 수식이자 핵심인 y = X * W + b를 이용하여 최종 결괏값을 만듭니다.

```
model = tf.matmul(outputs, W) + b
```

❻ 그리고 지금까지 만든 모델과 실측값을 비교하여 손실값을 구하고, 신경망을 최적화하는 함수를 사용하여 신경망 구성을 마무리합니다.

```
cost = tf.reduce_mean(tf.nn.softmax_cross_entropy_with_logits_v2(
                       logits=model,labels=Y))
optimizer = tf.train.AdamOptimizer(learning_rate).minimize(cost)
```

❼ 이어서 앞서 구성한 신경망을 학습시키고 결과를 확인하는 코드를 작성할 겁니다. 이 코드는 앞 장의 코드와 거의 같습니다. 다만 입력값이 [batch_size, n_step, n_input] 형태이므로 CNN에서 사용한 것처럼 reshape 함수를 이용해 데이터 형태를 바꿔주는 부분만 주의하면 됩니다.

```
sess = tf.Session()
sess.run(tf.global_variables_initializer())

total_batch = int(mnist.train.num_examples / batch_size)

for epoch in range(total_epoch):
    total_cost = 0

    for i in range(total_batch):
        batch_xs, batch_ys = mnist.train.next_batch(batch_size)
        batch_xs = batch_xs.reshape((batch_size, n_step, n_input))

        _, cost_val = sess.run([optimizer, cost],
                               feed_dict={X: batch_xs, Y: batch_ys})
        total_cost += cost_val

    print('Epoch:', '%04d' % (epoch + 1),
          'Avg. cost =', '{:.3f}'.format(total_cost / total_batch))

print('최적화 완료!')

is_correct = tf.equal(tf.argmax(model, 1), tf.argmax(Y, 1))
accuracy = tf.reduce_mean(tf.cast(is_correct, tf.float32))

test_batch_size = len(mnist.test.images)
```

```
test_xs = mnist.test.images.reshape(test_batch_size, n_step, n_input)
test_ys = mnist.test.labels

print('정확도:', sess.run(accuracy,
                      feed_dict={X: test_xs, Y: test_ys}))
```

모든 구현이 끝났으니 실행을 해볼까요? 제가 실행한 결과는 97.7%의 정확도
로 손글씨 인식해냈습니다. 몇 줄의 코드로 손글씨 인식을 이렇게 정확하게 할 수
있다니, 정말 봐도 봐도 신기합니다.

```
Epoch: 0001 Avg. cost = 0.538
Epoch: 0002 Avg. cost = 0.234
Epoch: 0003 Avg. cost = 0.172
...
Epoch: 0028 Avg. cost = 0.067
Epoch: 0029 Avg. cost = 0.057
Epoch: 0030 Avg. cost = 0.057
최적화 완료!
정확도: 0.9772
```

## 전체 코드

❶ ```
import tensorflow as tf

from tensorflow.examples.tutorials.mnist import input_data
mnist = input_data.read_data_sets("./mnist/data/", one_hot=True)

#########
# 옵션 설정
#####
learning_rate = 0.001
total_epoch = 30
batch_size = 128
```
```

```
n_input = 28
n_step = 28
n_hidden = 128
n_class = 10


########
# 신경망 모델 구성
#####
X = tf.placeholder(tf.float32, [None, n_step, n_input])
Y = tf.placeholder(tf.float32, [None, n_class])

W = tf.Variable(tf.random_normal([n_hidden, n_class]))
b = tf.Variable(tf.random_normal([n_class]))
```

❷ `cell = tf.nn.rnn_cell.BasicRNNCell(n_hidden)`

❸ `outputs, states = tf.nn.dynamic_rnn(cell, X, dtype=tf.float32)`

❹
```
outputs = tf.transpose(outputs, [1, 0, 2])
outputs = outputs[-1]
```

❺ `model = tf.matmul(outputs, W) + b`

❻
```
cost = tf.reduce_mean(tf.nn.softmax_cross_entropy_with_logits_v2(
                        logits=model, labels=Y))
optimizer = tf.train.AdamOptimizer(learning_rate).minimize(cost)
```

```
########
# 신경망 모델 학습
#####
```
❼
```
sess = tf.Session()
sess.run(tf.global_variables_initializer())

total_batch = int(mnist.train.num_examples / batch_size)

for epoch in range(total_epoch):
    total_cost = 0

    for i in range(total_batch):
        batch_xs, batch_ys = mnist.train.next_batch(batch_size)
```

```
        batch_xs = batch_xs.reshape((batch_size, n_step, n_input))

        _, cost_val = sess.run([optimizer, cost],
                               feed_dict={X: batch_xs, Y: batch_ys})
        total_cost += cost_val

    print('Epoch:', '%04d' % (epoch + 1),
          'Avg. cost =', '{:.3f}'.format(total_cost / total_batch))

print('최적화 완료!')

#########
# 결과 확인
#####
is_correct = tf.equal(tf.argmax(model, 1), tf.argmax(Y, 1))
accuracy = tf.reduce_mean(tf.cast(is_correct, tf.float32))

test_batch_size = len(mnist.test.images)
test_xs = mnist.test.images.reshape(test_batch_size, n_step, n_input)
test_ys = mnist.test.labels

print('정확도:', sess.run(accuracy,
                        feed_dict={X: test_xs, Y: test_ys}))
```

## 10.2 단어 자동 완성

이번에는 RNN 모델을 이용하여 단어를 자동 완성하는 프로그램을 만들어보겠습니다. 영문자 4개로 구성된 단어를 학습시켜, 3글자만 주어지면 나머지 한 글자를 추천하여 단어를 완성하는 프로그램입니다.

참고로 dynamic_rnn의 sequence_length 옵션을 사용하면 가변 길이 단어를 학습시킬 수 있습니다. 짧은 단어는 가장 긴 단어의 길이 만큼 뒷부분을 0으로 채우고, 해당 단어의 길이를 계산해 sequence_length로 넘겨주면 됩니다 (batch_size만큼의 배열로). 하지만 코드가 조금 복잡해지므로 여기서는 고정

길이 단어를 사용하겠습니다.

학습시킬 데이터는 영문자로 구성된 임의의 단어를 사용할 것이고, 한 글자 한 글자를 하나의 단계로 볼 것입니다. 그러면 한 글자가 한 단계의 입력값이 되고, 총 글자 수가 전체 단계가 됩니다.

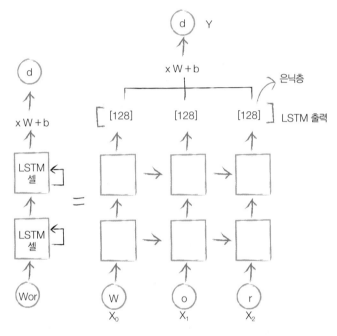

그림 10-4  단어 자동완성 RNN 모델

❶ 입력으로는 알파벳 순서에서 각 글자에 해당하는 인덱스를 원-핫 인코딩으로 표현한 값을 취할 것입니다. 이를 위해 알파벳 글자들을 배열에 넣고, 해당 글자의 인덱스를 구할 수 있는 연관 배열(딕셔너리)도 만들어둡니다.

```
import tensorflow as tf
import numpy as np
```

```
char_arr = ['a', 'b', 'c', 'd', 'e', 'f', 'g',
            'h', 'i', 'j', 'k', 'l', 'm', 'n',
            'o', 'p', 'q', 'r', 's', 't', 'u',
            'v', 'w', 'x', 'y', 'z']

# {'a': 0, 'b': 1, 'c': 2, ..., 'j': 9, 'k', 10, ...}
num_dic = {n: i for i, n in enumerate(char_arr)}
dic_len = len(num_dic)
```

❷ 그리고 학습에 사용할 단어를 배열로 저장합니다.

```
seq_data = ['word', 'wood', 'deep', 'dive', 'cold', 'cool', 'load',
'love', 'kiss', 'kind']
```

❸ 그런 다음 단어들을 학습에 사용할 수 있는 형식으로 변환해주는 유틸리티 함수를 작성합니다. 이 함수는 다음 순서로 데이터를 변환합니다.

> 1 입력값용으로, 단어의 처음 세 글자의 알파벳 인덱스를 구한 배열을 만듭니다.
> - input = [num_dic[n] for n in seq[:-1]]
> 2 출력값용으로, 마지막 글자의 알파벳 인덱스를 구합니다.
> - target = num_dic[seq[-1]]
> 3 입력값을 원-핫 인코딩으로 변환합니다.
> - input_batch.append(np.eye(dic_len)[input])

예를 들어 "deep"는 입력으로 d, e, e를 취하고, 각 알파벳의 인덱스를 구해 배열로 만들면 [3, 4, 4]가 나옵니다. 그리고 이를 원-핫 인코딩하면 최종 입력값은 다음이 됩니다.

```
[[ 0.  0.  0.  1.  0.  0.  0. ... 0.]
 [ 0.  0.  0.  0.  1.  0.  0. ... 0.]
 [ 0.  0.  0.  0.  1.  0.  0. ... 0.]]
```

그리고 실측값은 p의 인덱스인 15가 되는데, 실측값은 원-핫 인코딩하지 않고 15를 그대로 사용할 것입니다. 그 이유는 손실 함수로 지금까지 사용하던 softmax_cross_entropy_with_logits가 아닌 sparse_softmax_cross_entropy_with_logits를 사용할 것이기 때문입니다. 함수의 앞에 sparse_가 붙어 있다는 것에 유의하세요. sparse_softmax_cross_entropy_with_logits 함수는 실측값, 즉 labels 값에 원-핫 인코딩을 사용하지 않아도 자동으로 변환하여 계산해줍니다.

이렇게 변환하는 함수를 코드로 작성하면 다음과 같습니다.

```
def make_batch(seq_data):
    input_batch = []
    target_batch = []

    for seq in seq_data:
        input = [num_dic[n] for n in seq[:-1]]
        target = num_dic[seq[-1]]
        input_batch.append(np.eye(dic_len)[input])
        target_batch.append(target)

    return input_batch, target_batch
```

❹ 데이터를 전처리하는 부분을 다 마쳤으니, 이제 신경망 모델을 구성해보겠습니다. 먼저 옵션들을 설정합니다.

```
learning_rate = 0.01
n_hidden = 128
total_epoch = 30

n_step = 3
n_input = n_class = dic_len
```

단어의 전체 중 처음 3글자를 단계적으로 학습할 것이므로 n_step은 3이 됩니다.

입력값과 출력값은 알파벳의 원-핫 인코딩을 사용할 것이므로 알파벳 글자들의 배열 크기인 dic_len과 같습니다. 여기서 주의할 것은 sparse_softmax_cross_entropy_with_logits 함수를 사용하더라도 비교를 위한 예측 모델의 출력값은 원-핫 인코딩을 사용해야 합니다. 그래서 n_class 값도 n_input 값과 마찬가지로 dic_len과 크기가 같도록 설정했습니다.

즉, sparse_softmax_cross_entropy_with_logits 함수를 사용할 때 실측값인 labels 값은 인덱스의 숫자를 그대로 사용하고, 예측 모델의 출력값은 인덱스의 원-핫 인코딩을 사용합니다.

❺ 그럼 본격적으로 신경망 모델을 구성해보겠습니다.

```
X = tf.placeholder(tf.float32, [None, n_step, n_input])
Y = tf.placeholder(tf.int32, [None])

W = tf.Variable(tf.random_normal([n_hidden, n_class]))
b = tf.Variable(tf.random_normal([n_class]))
```

앞서 말씀드린 것처럼 실측값인 Y의 플레이스홀더는 batch_size에 해당하는 하나의 차원만 있는 것에 유의하세요. 원-핫 인코딩이 아니라 인덱스 숫자를 그대로 사용하기 때문에 다음처럼 값이 하나뿐인 1차원 배열을 입력으로 받습니다.

```
[3] [3] [15] [4] …
```

❻ 다음으로 두 개의 RNN 셀을 생성합니다. 여러 셀을 조합해 심층 신경망을 만들기 위해서입니다. 추가로, DropoutWrapper 함수를 사용하여 RNN에도 과

적합 방지를 위한 드롭아웃 기법을 쉽게 적용할 수 있습니다.

```
cell1 = tf.nn.rnn_cell.BasicLSTMCell(n_hidden)
cell1 = tf.nn.rnn_cell.DropoutWrapper(cell1, output_keep_prob=0.5)
cell2 = tf.nn.rnn_cell.BasicLSTMCell(n_hidden)
```

❼ 그런 다음 앞서 만든 셀들을 MultiRNNCell 함수를 사용하여 조합하고 dynamic_rnn 함수를 사용하여 심층 순환 신경망, 즉 Deep RNN을 만듭니다.

```
multi_cell = tf.nn.rnn_cell.MultiRNNCell([cell1, cell2])

outputs, states = tf.nn.dynamic_rnn(multi_cell, X, dtype=tf.float32)
```

❽ 그리고 RNN의 첫 예제인 MNIST 예측 모델과 같은 방식으로 최종 출력층을 만듭니다.

```
outputs = tf.transpose(outputs, [1, 0, 2])
outputs = outputs[-1]
model = tf.matmul(outputs, W) + b
```

❾ 마지막으로 손실 함수로는 sparse_softmax_cross_entropy_with_logits 를, 최적화 함수로는 AdamOptimizer를 쓰도록 설정하여 신경망 모델 구성을 마무리합니다.

```
cost = tf.reduce_mean(
            tf.nn.sparse_softmax_cross_entropy_with_logits(
                logits=model, labels=Y))

optimizer = tf.train.AdamOptimizer(learning_rate).minimize(cost)
```

⓵ 다음은 앞서 구성한 신경망을 학습시키는 코드입니다. make_batch 함수를
이용하여 seq_data에 저장한 단어들을 입력값(처음 세 글자)과 실측값(마지막
한 글자)으로 분리하고, 이 값들을 최적화 함수를 실행하는 코드에 넣어 신경망
을 학습시킵니다.

```
sess = tf.Session()
sess.run(tf.global_variables_initializer())

input_batch, target_batch = make_batch(seq_data)

for epoch in range(total_epoch):
    _, loss = sess.run([optimizer, cost],
                       feed_dict={X: input_batch, Y: target_batch})

    print('Epoch:', '%04d' % (epoch + 1),
          'cost =', '{:.6f}'.format(loss))

print('최적화 완료!')
```

⓶ 이번에는 결괏값으로 예측한 단어를 정확도와 함께 출력하도록 만들어보겠습
니다.

```
prediction = tf.cast(tf.argmax(model, 1), tf.int32)
prediction_check = tf.equal(prediction, Y)
accuracy = tf.reduce_mean(tf.cast(prediction_check, tf.float32))
```

앞선 예제들과는 다르게 여기서는 실측값을 원-핫 인코딩이 아닌 인덱스를 그
대로 사용하므로 실측값, 즉 Y는 정수입니다. 따라서 argmax로 변환한 예측값
도 정수로 변경해줍니다. 또한 정확도를 구할 때 입력값을 그대로 비교합니다. 앞
선 예제들과 한번 비교해보세요.

⓬ 그런 다음 학습에 사용한 단어들을 넣고 예측 모델을 돌립니다.

```
input_batch, target_batch = make_batch(seq_data)

predict, accuracy_val = sess.run([prediction, accuracy],
                        feed_dict={X: input_batch, Y: target_batch})
```

⓭ 마지막으로 모델이 예측한 값들을 가지고, 각각의 값에 해당하는 인덱스의 알파벳을 가져와서 예측한 단어를 출력합니다.

```
predict_words = []
for idx, val in enumerate(seq_data):
    last_char = char_arr[predict[idx]]
    predict_words.append(val[:3] + last_char)

print('\n=== 예측 결과 ===')
print('입력값:', [w[:3] + ' ' for w in seq_data])
print('예측값:', predict_words)
print('정확도:', accuracy_val)
```

예상대로 제 결과는 다음과 같이 매우 정확하게 나왔습니다.

```
Epoch: 0001 cost = 3.606432
Epoch: 0002 cost = 2.721878
Epoch: 0003 cost = 1.462070
...
Epoch: 0028 cost = 0.014202
Epoch: 0029 cost = 0.011542
Epoch: 0030 cost = 0.004258
최적화 완료!

=== 예측 결과 ===
입력값: ['wor ', 'woo ', 'dee ', 'div ', 'col ', 'coo ', 'loa ', 'lov ',
        'kis ', 'kin ']
```

## 전체 코드

```
❶ import tensorflow as tf
   import numpy as np

   char_arr = ['a', 'b', 'c', 'd', 'e', 'f', 'g',
               'h', 'i', 'j', 'k', 'l', 'm', 'n',
               'o', 'p', 'q', 'r', 's', 't', 'u',
               'v', 'w', 'x', 'y', 'z']

   num_dic = {n: i for i, n in enumerate(char_arr)}
   dic_len = len(num_dic)

❷ seq_data = ['word', 'wood', 'deep', 'dive', 'cold', 'cool', 'load',
   'love', 'kiss', 'kind']

❸ def make_batch(seq_data):
       input_batch = []
       target_batch = []

       for seq in seq_data:
           input = [num_dic[n] for n in seq[:-1]]
           target = num_dic[seq[-1]]
           input_batch.append(np.eye(dic_len)[input])
           target_batch.append(target)

       return input_batch, target_batch

   ########
   # 옵션 설정
   #####
❹ learning_rate = 0.01
   n_hidden = 128
```

```
total_epoch = 30

n_step = 3
n_input = n_class = dic_len

########
# 신경망 모델 구성
#####
X = tf.placeholder(tf.float32, [None, n_step, n_input])
Y = tf.placeholder(tf.int32, [None])

W = tf.Variable(tf.random_normal([n_hidden, n_class]))
b = tf.Variable(tf.random_normal([n_class]))

cell1 = tf.nn.rnn_cell.BasicLSTMCell(n_hidden)
cell1 = tf.nn.rnn_cell.DropoutWrapper(cell1, output_keep_prob=0.5)
cell2 = tf.nn.rnn_cell.BasicLSTMCell(n_hidden)

multi_cell = tf.nn.rnn_cell.MultiRNNCell([cell1, cell2])

outputs, states = tf.nn.dynamic_rnn(multi_cell, X, dtype=tf.float32)

outputs = tf.transpose(outputs, [1, 0, 2])
outputs = outputs[-1]
model = tf.matmul(outputs, W) + b

cost = tf.reduce_mean(
            tf.nn.sparse_softmax_cross_entropy_with_logits(
                logits=model, labels=Y))

optimizer = tf.train.AdamOptimizer(learning_rate).minimize(cost)

########
# 신경망 모델 학습
#####
sess = tf.Session()
sess.run(tf.global_variables_initializer())

input_batch, target_batch = make_batch(seq_data)

for epoch in range(total_epoch):
```

```
        _, loss = sess.run([optimizer, cost],
                           feed_dict={X: input_batch, Y: target_batch})

        print('Epoch:', '%04d' % (epoch + 1),
              'cost =', '{:.6f}'.format(loss))

    print('최적화 완료!')

    ########
    # 결과 확인
    #####
⓫ prediction = tf.cast(tf.argmax(model, 1), tf.int32)
    prediction_check = tf.equal(prediction, Y)
    accuracy = tf.reduce_mean(tf.cast(prediction_check, tf.float32))

⓬ input_batch, target_batch = make_batch(seq_data)

    predict, accuracy_val = sess.run([prediction, accuracy],
                            feed_dict={X: input_batch, Y: target_batch})

⓭ predict_words = []
    for idx, val in enumerate(seq_data):
        last_char = char_arr[predict[idx]]
        predict_words.append(val[:3] + last_char)

    print('\n=== 예측 결과 ===')
    print('입력값:', [w[:3] + ' ' for w in seq_data])
    print('예측값:', predict_words)
    print('정확도:', accuracy_val)
```

## 10.3 Sequence to Sequence

Sequence to Sequence는 구글이 기계번역에 사용하는 신경망 모델입니다
(줄여서 Seq2Seq라고도 합니다). 순차적인 정보를 입력받는 신경망(RNN)과
출력하는 신경망을 조합한 모델로, 번역이나 챗봇 등 문장을 입력받아 다른 문장
을 출력하는 프로그램에서 많이 사용합니다.

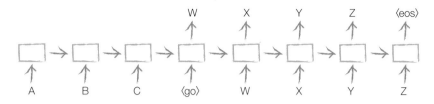

그림 10-5 Sequence to Sequence 개념도

Sequence to Sequence 모델은 입력을 위한 신경망인 인코더와 출력을 위한 신경망인 디코더로 구성됩니다. 예를 들어 인코더는 원문을, 디코더는 인코더가 번역한 결과물을 입력받습니다. 그 후 디코더가 출력한 결과물을 번역된 결과물과 비교하면서 학습합니다.

이번에는 이 Sequence to Sequence 모델을 이용해 번역 프로그램을 만들어볼까 합니다. [그림 10-6]처럼 네 글자의 영어 단어를 입력받아 두 글자의 한글 단어로 번역하는 프로그램입니다.

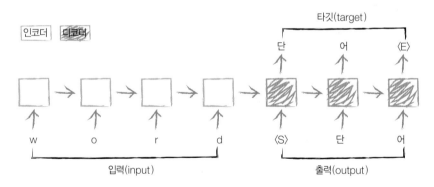

그림 10-6 Sequence to Sequence 번역 모델

구현에 들어가기에 앞서, Sequence to Sequence 모델에는 [그림 10-6]처럼 특수한 심볼이 몇 개 필요하답니다. 바로 디코더에 입력이 시작됨을 알려주는 심볼, 디코더의 출력이 끝났음을 알려주는 심볼, 그리고 빈 데이터를 채울 때 사

용하는 아무 의미가 없는 심볼입니다. 여기서는 해당 심볼들을 'S', 'E', 'P'로 처리하겠습니다.

❶ 자, 그럼 데이터부터 만들겠습니다. 바로 앞 예제와 같이 글자들을 학습시키려면 원–핫 인코딩 형식으로 바꿔야 하므로 영어 알파벳과 한글들을 나열한 뒤 한 글자씩 배열에 집어넣습니다. 그런 다음 배열에 넣은 글자들을 연관 배열(키/값 쌍) 형태로 변경합니다. 한글은 글자 수가 매우 많으므로, 여기서는 학습에 사용할 단어들에 포함된 한글만 사용하겠습니다.

학습에 사용할 영어 단어와 한글 단어의 쌍을 가진 데이터를 정의하면 다음과 같습니다.

```
import tensorflow as tf
import numpy as np

char_arr = [c for c in 'SEPabcdefghijklmnopqrstuvwxyz단어나무놀이소녀
키스사랑']
num_dic = {n: i for i, n in enumerate(char_arr)}
dic_len = len(num_dic)

seq_data = [['word', '단어'], ['wood', '나무'],
            ['game', '놀이'], ['girl', '소녀'],
            ['kiss', '키스'], ['love', '사랑']]
```

❷ 그리고 다음처럼 입력 단어와 출력 단어를 한 글자씩 떼어낸 뒤 배열로 만든 후에 원–핫 인코딩 형식으로까지 만들어주는 유틸리티 함수를 만듭니다. 데이터는 인코더의 입력값, 디코더의 입력값과 출력값, 이렇게 총 세 개로 구성됩니다.

1 인코더 셀의 입력값을 위해 입력 단어를 한 글자씩 떼어 배열로 만듭니다.

input = [num_dic[n] for n in seq[0]]

2 디코더 셀의 입력값을 위해 출력 단어의 글자들을 배열로 만들고, 시작을 나타내는 심볼 'S' 를 맨 앞에 붙입니다.

output = [num_dic[n] for n in ('S' + seq[1])]

3 학습을 위해 비교할 디코더 셀의 출력값을 만들고, 출력의 끝을 알려주는 심볼 'E'를 마지막 에 붙입니다.

target = [num_dic[n] for n in (seq[1] + 'E')]

그리고 만들어진 데이터를 원-핫 인코딩합니다. 다만, 앞의 예제처럼 손실 함 수로 sparse_softmax_cross_entropy_with_logits를 사용할 것이므로, 실 측값인 디코더 셀의 출력값은 원-핫 인코딩이 아닌 인덱스 숫자를 그대로 사용 합니다. 이것을 코드로 구현하면 다음과 같습니다.

```python
def make_batch(seq_data):
    input_batch = []
    output_batch = []
    target_batch = []

    for seq in seq_data:
        input = [num_dic[n] for n in seq[0]]
        output = [num_dic[n] for n in ('S' + seq[1])]
        target = [num_dic[n] for n in (seq[1] + 'E')]

        input_batch.append(np.eye(dic_len)[input])
        output_batch.append(np.eye(dic_len)[output])
        target_batch.append(target)

    return input_batch, output_batch, target_batch
```

❸ 다음으로 신경망 모델에서 사용할 하이퍼파라미터, 플레이스홀더, 입출력 변수 용 수치들을 정의합니다. n_class와 n_input은 입출력에 사용할 글자들의 배열 크기인 dic_len과 같습니다.

```
learning_rate = 0.01
n_hidden = 128
total_epoch = 100

n_class = n_input = dic_len
```

그리고 인코더의 입력값, 디코더의 입력값과 출력값에 사용할 플레이스홀더를 구성합니다. 인코더와 디코더의 입력값 형식은 다음과 같고,

```
[batch size, time steps, input size]
```

디코더 출력값의 형식은 다음과 같습니다.

```
[batch size, time steps]
```

❹ 이제 신경망 모델을 구성해봅시다. RNN의 특성상 입력 데이터에 단계가 있습니다. 또한 입력값들은 원-핫 인코딩을 사용하고 디코더의 출력값은 인덱스 숫자를 그대로 사용하기 때문에 입력값의 랭크(차원)가 하나 더 높습니다. 코드로 쓰면 다음과 같습니다.

```
enc_input = tf.placeholder(tf.float32, [None, None, n_input])
dec_input = tf.placeholder(tf.float32, [None, None, n_input])
targets = tf.placeholder(tf.int64, [None, None])
```

여기서 입력 단계는 배치 크기처럼 입력받을 때마다 다를 수 있으므로 None으로 설정했습니다. 나중에 영문 4글자나 한글 2글자가 아닌, 길이가 다양한 단어

들을 넣어 번역해보기 바랍니다. 단, 같은 배치 때 입력되는 데이터는 글자 수, 즉 단계(time steps)가 모두 같아야 합니다.

❺ 이제 RNN 모델을 위한 셀을 구성하겠습니다. 앞서 살펴본 RNN 모델의 그림 처럼 인코더 셀과 디코더 셀을 만들어야 합니다.

```
with tf.variable_scope('encode'):
    enc_cell = tf.nn.rnn_cell.BasicRNNCell(n_hidden)
    enc_cell = tf.nn.rnn_cell.DropoutWrapper(enc_cell,
                output_keep_prob=0.5)

    outputs, enc_states = tf.nn.dynamic_rnn(enc_cell, enc_input,
                                dtype=tf.float32)

with tf.variable_scope('decode'):
    dec_cell = tf.nn.rnn_cell.BasicRNNCell(n_hidden)
    dec_cell = tf.nn.rnn_cell.DropoutWrapper(dec_cell,
                output_keep_prob=0.5)

    outputs, dec_states = tf.nn.dynamic_rnn(dec_cell, dec_input,
                        initial_state=enc_states, dtype=tf.float32)
```

셀은 기본 셀을 사용하였고, 각 셀에 드롭아웃을 적용했습니다. 여기서 주의할 점이 있는데, 디코더를 만들 때 초기 상태 값(입력값이 아님)으로 인코더의 최종 상태 값을 넣어줘야 한다는 것입니다. Sequence to Sequence의 핵심 아이디어 중 하나가 인코더에서 계산한 상태를 디코더로 전파하는 것이기 때문입니다. 텐서플로의 dynamic_rnn에 initial_state=enc_states 옵션을 사용하면 아주 간단하게 처리할 수 있습니다.

❻ 다음으로 출력층을 만들고 손실 함수와 최적화 함수를 구성하겠습니다. 이번에는 출력층을 위해 layers 모듈의 dense 함수를 사용하였습니다. 이 정도는 이제 쉽게 만드실 수 있을 테니까요. :-)

```
model = tf.layers.dense(outputs, n_class, activation=None)

cost = tf.reduce_mean(
            tf.nn.sparse_softmax_cross_entropy_with_logits(
                logits=model, labels=targets))

optimizer = tf.train.AdamOptimizer(learning_rate).minimize(cost)
```

모델 구성은 이것으로 끝입니다. 눈치채셨겠지만, 이 예제에서는 가중치와 편향을 위한 변수는 하나도 사용하지 않았습니다. 고수준 API를 사용하면 텐서플로가 귀찮은 부분들을 다 알아서 해주기 때문입니다.

구글이 기계번역에 사용했다는 Sequence to Sequence 모델을 이렇게 단 몇 줄의 코드로 구현할 수 있다니, 다시 생각해도 정말 놀라울 따름입니다(물론 실제로는 이보다 훨씬 복잡하겠지만요).

❼ 학습을 시키는 코드는 앞 예제와 같습니다. feed_dict으로 전달하는 학습 데이터에 인코더의 입력값, 디코더의 입력값과 출력값, 이렇게 세 개를 넣었다는 점만 다릅니다.

```
sess = tf.Session()
sess.run(tf.global_variables_initializer())

input_batch, output_batch, target_batch = make_batch(seq_data)

for epoch in range(total_epoch):
    _, loss = sess.run([optimizer, cost],
                       feed_dict={enc_input: input_batch,
                                  dec_input: output_batch,
                                  targets: target_batch})

    print('Epoch:', '%04d' % (epoch + 1),
          'cost =', '{:.6f}'.format(loss))

print('최적화 완료!')
```

❽ 마지막으로 결과를 확인하기 위해 단어를 입력받아 번역 단어를 예측하는 함수
를 만들어보겠습니다.

이 모델은 입력값과 출력값 데이터로 [영어 단어, 한글 단어]를 사용하지만, 예
측 시에는 한글 단어를 알지 못할 것입니다. 따라서 디코더의 입출력을 의미 없는
값인 'P'로 채워 데이터를 구성합니다.

```
def translate(word):
    seq_data = [word, 'P' * len(word)]

    input_batch, output_batch, target_batch = make_batch([seq_data])
```

입력으로 'word'를 받았다면 seq_data는 ['word', 'PPPP']로 구성될 것입니
다. input_batch는 ['w', 'o', 'r', 'd'], output_batch는 ['P', 'P', 'P', 'P'] 글자들
의 인덱스를 원-핫 인코딩한 값일 것이고, target_batch는 ['P', 'P', 'P', 'P']의

각 글자의 인덱스인 [2, 2, 2, 2]가 될 것입니다.

❾ 그리고 예측 모델을 돌립니다. 세 번째 차원을 argmax로 취해 가장 확률이 높은 글자(의 인덱스)를 예측값으로 만듭니다. 세 번째 차원을 argmax로 취하는 이유는 결괏값이 [batch size, time steps, input size] 형태로 나오기 때문입니다.

참고로 결괏값으로 [[[0 0 0.9 0.1 0.2 0.3 0 0 …] [0 0.1 0.3 0.7 0.1 0 0 0 …] …]]이 나온다면 최종 예측 결과인 tf.argmax(model, 2)의 값은 [[[2], [3] …]]이 됩니다. 중간중간 결괏값을 출력해보면 조금 더 이해하기 쉬우실 것입니다.

```
prediction = tf.argmax(model, 2)

result = sess.run(prediction,
                  feed_dict={enc_input: input_batch,
                             dec_input: output_batch,
                             targets: target_batch})
```

❿ 예측 결과는 글자의 인덱스를 뜻하는 숫자이므로 각 숫자에 해당하는 글자를 가져와 배열을 만듭니다. 그리고 출력의 끝을 의미하는 'E' 이후의 글자들을 제거하고 문자열로 만듭니다. 디코더의 입력(time steps) 크기만큼 출력값이 나오므로 최종 결과는 ['사', '랑', 'E', 'E']처럼 나오기 때문입니다.

```
decoded = [char_arr[i] for i in result[0]]

end = decoded.index('E')
translated = ''.join(decoded[:end])

return translated
```

⓫ 그런 다음 번역 함수를 사용하여 몇 가지 단어를 번역해보는 코드를 작성합니다.

```
print('\n=== 번역 테스트 ===')

print('word ->', translate('word'))
print('wodr ->', translate('wodr'))
print('love ->', translate('love'))
print('loev ->', translate('loev'))
print('abcd ->', translate('abcd'))
```

이것으로 번역 함수까지 만들었으니, 번역이 잘 되는지 테스트해볼까요?

```
=== 번역 테스트 ===
word -> 단어
wodr -> 나무
love -> 사랑
loev -> 사랑
abcd -> 키스
```

학습시킨 단어들에 대한 번역 결과도 잘 나왔지만, 약간의 오타를 섞은 단어들도 그럴듯하게 번역되었습니다.

특히, 완전히 상관없는 단어에 대해서도, 생뚱맞긴 하지만 그럴듯한 결과를 추측하여 내어줬습니다. 이렇게 학습하지 않은 데이터를 넣어도 어느 정도 그럴듯한 결과를 내주기 때문에 번역이나 챗봇 등에 매우 유용하게 사용할 수 있습니다.

이 모델에서 글자들을 단어로 바꾸기만 하면 문장 단위의 번역을, 그 후 입력을 질문으로, 출력을 답변으로 하는 데이터를 학습시키면 챗봇을 만들 수 있습니다. 어떤가요? 응용할 곳어 마구 떠오르지 않나요? :-)

NOTE 이 모델을 학습시키면 "ValueError: 'E' is not in list"와 같은 에러가 나올 수 있습니다.
예측한 결괏값에 출력의 끝을 의미하는 'E'가 없을 수 있기 때문입니다. 관련한 예외처리는 코드를
간략하게 만들기 위해 생략하였습니다.


## 전체 코드

```
❶import tensorflow as tf
 import numpy as np

 char_arr = [c for c in 'SEPabcdefghijklmnopqrstuvwxyz단어나무놀이소녀
 키스사랑']
 num_dic = {n: i for i, n in enumerate(char_arr)}
 dic_len = len(num_dic)

 seq_data = [['word', '단어'], ['wood', '나무'],
             ['game', '놀이'], ['girl', '소녀'],
             ['kiss', '키스'], ['love', '사랑']]

❷def make_batch(seq_data):
     input_batch = []
     output_batch = []
     target_batch = []

     for seq in seq_data:
         input = [num_dic[n] for n in seq[0]]
         output = [num_dic[n] for n in ('S' + seq[1])]
         target = [num_dic[n] for n in (seq[1] + 'E')]

         input_batch.append(np.eye(dic_len)[input])
         output_batch.append(np.eye(dic_len)[output])
         target_batch.append(target)

     return input_batch, output_batch, target_batch

 ########
 # 옵션 설정
 #####
```

```
❸learning_rate = 0.01
  n_hidden = 128
  total_epoch = 100

  n_class = n_input = dic_len

  ########
  # 신경망 모델 구성
  #####
❹enc_input = tf.placeholder(tf.float32, [None, None, n_input])
  dec_input = tf.placeholder(tf.float32, [None, None, n_input])
  targets = tf.placeholder(tf.int64, [None, None])

❺with tf.variable_scope('encode'):
      enc_cell = tf.nn.rnn_cell.BasicRNNCell(n_hidden)
      enc_cell = tf.nn.rnn_cell.DropoutWrapper(enc_cell,
                  output_keep_prob=0.5)

      outputs, enc_states = tf.nn.dynamic_rnn(enc_cell, enc_input,
                                              dtype=tf.float32)

  with tf.variable_scope('decode'):
      dec_cell = tf.nn.rnn_cell.BasicRNNCell(n_hidden)
      dec_cell = tf.nn.rnn_cell.DropoutWrapper(dec_cell,
                  output_keep_prob=0.5)

      outputs, dec_states = tf.nn.dynamic_rnn(dec_cell, dec_input,
                            initial_state=enc_states, dtype=tf.float32)

❻model = tf.layers.dense(outputs, n_class, activation=None)

  cost = tf.reduce_mean(
              tf.nn.sparse_softmax_cross_entropy_with_logits(
                  logits=model, labels=targets))

  optimizer = tf.train.AdamOptimizer(learning_rate).minimize(cost)

  ########
  # 신경망 모델 학습
  #####
```

```
❼sess = tf.Session()
  sess.run(tf.global_variables_initializer())

  input_batch, output_batch, target_batch = make_batch(seq_data)

  for epoch in range(total_epoch):
      _, loss = sess.run([optimizer, cost],
                         feed_dict={enc_input: input_batch,
                                    dec_input: output_batch,
                                    targets: target_batch})

      print('Epoch:', '%04d' % (epoch + 1),
            'cost =', '{:.6f}'.format(loss))

  print('최적화 완료!')


  ########
  # 번역 테스트
  #####
❽def translate(word):
      seq_data = [word, 'P' * len(word)]

      input_batch, output_batch, target_batch = make_batch([seq_data])

❾     prediction = tf.argmax(model, 2)

      result = sess.run(prediction,
                        feed_dict={enc_input: input_batch,
                                   dec_input: output_batch,
                                   targets: target_batch})

❿     decoded = [char_arr[i] for i in result[0]]

      end = decoded.index('E')
      translated = ''.join(decoded[:end])

      return translated
```

```
⑪print('\n=== 번역 테스트 ===')

print('word ->', translate('word'))
print('wodr ->', translate('wodr'))
print('love ->', translate('love'))
print('loev ->', translate('loev'))
print('abcd ->', translate('abcd'))
```

## 10.4 더 보기

첫 번째, Seq2Seq 모델로 만들 수 있는 유용한 응용 분야 중 문서 요약이 있습니다. 구글은 이 방식에 대해서도 쉽게 응용할 수 있도록 모델을 만들어두었습니다. 문서 요약에 관심 있는 분은 다음 주소를 참고하기 바랍니다.

- Sequence-to-Sequence with Attention Model for Text Summarization:
  https://github.com/tensorflow/models/tree/master/textsum

두 번째, 딥러닝을 자연어 분석에 사용하고자 한다면, Word2Vec이라는 Word embeddings 모델을 꼭 한 번은 접하게 될 것입니다. Word2Vec 자체는 딥러닝과는 관계가 적어 책에 싣지는 않았지만, 소스는 예제 코드용 깃허브에 올려뒀으니 참고하시기 바랍니다.

- 소스 위치 : 04 - Neural Network Basic / 03 - Word2Vec.py
  https://goo.gl/5cBLVM

# 구글의 핵심
# 이미지 인식 모델
# Inception

# 구글의 핵심
# 이미지 인식 모델
# Inception

지금까지의 학습을 통해 텐서플로를 사용하면 신경망 모델을 매우 쉽게 만들 수 있음을 알았습니다. 더 좋은 소식은 다수의 사람이 풀고자 하는 공통 문제에 대해서는 이미 수많은 연구자가 훌륭한 모델을 많이 만들어 놓았다는 사실입니다. 따라서 여러분이 풀려는 문제가 일반적인 문제라면 공개된 모델을 사용하는 게 더 효율적일 것입니다.

그러한 공개 모델 중 구글이 만든 **인셉션**Inception이 있습니다. 이는 이미지 인식 모델로, 이미지 인식 대회인 ILSVRC에서 2014년 우승한 전력이 있습니다.

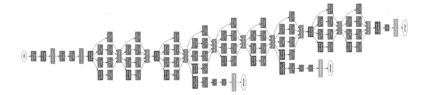

그림 11-1  인셉션 모델 계층 구성

인셉션은 기본적으로 작은 컨볼루션 계층을 매우 많이 연결한 것입니다. 다만, 그림처럼 구성이 꽤 복잡해서 구현하기가 조금 까다롭습니다. 그런데 고맙게도 구글이 텐서플로로 구현해 공개해두었고, 또 그 모델을 다양한 목적에 쉽게 활용할 수 있도록 간단한 스크립트까지 제공하고 있습니다.

이번 장에서는 이 스크립트를 사용해 꽃 사진을 학습시키고 꽃의 종류를 알아내는 간단한 스크립트를 작성하고 테스트해보겠습니다.

## 11.1 자료 준비

먼저 인터넷에서 자료 두 개를 내려받아야 합니다. 하나는 학습을 위한 꽃 사진이고, 다른 하나는 일정한 기준에 따라 사진을 학습시키는 스크립트입니다. 이 두 자료 모두 텐서플로의 홈페이지에 있으며 위치는 다음과 같습니다(학습 스크립트는 이 책의 예제 소스에도 포함되어 있습니다).

- 꽃 사진
  - http://download.tensorflow.org/example_images/flower_photos.tgz
    (단축 URL: https://goo.gl/lrJ94U)
- 학습 스크립트
  - https://github.com/tensorflow/tensorflow/tree/master/tensorflow/
    examples/image_retraining/retrain.py
    (단축 URL: https://goo.gl/lrJ94U)

먼저 학습 자료와 학습시킨 모델을 저장할 디렉터리를 'workspace'라는 이름으로 만듭니다. 그런 다음 꽃 사진을 workspace 디렉터리에, 학습 스크립트는 현재 디렉터리에 저장해둡니다. 그러면 디렉터리 구조는 다음처럼 됩니다.

```
\retrain.py
\workspace
    \flower_photos
        \daisy
        \dandelion
        \roses
        \sunflowers
        \tulips
```

보다시피 꽃의 이름별로 디렉터리가 나뉘어 있음을 알 수 있습니다. retrain. py 스크립트는 디렉터리 이름을 레이블(꽃의 이름)로 하여 각 디렉터리에 있는 사진들을 학습시킵니다.

## 11.2 학습시키기

자료가 다 준비됐으니 이제 retrain.py 스크립트로 꽃 사진들을 학습시켜보겠습니다. 맥의 터미널이나 윈도우의 명령 프롬프트를 열고 retrain.py 파일이 있는 위치에서 다음 명령을 실행하면 됩니다.

```
C:\> python retrain.py \
    --bottleneck_dir=./workspace/bottlenecks \
    --model_dir=./workspace/inception \
    --output_graph=./workspace/flowers_graph.pb \
    --output_labels=./workspace/flowers_labels.txt \
    --image_dir ./workspace/flower_photos \
    --how_many_training_steps 1000
```

스크립트에 사용한 옵션들의 의미는 다음과 같습니다.

- --bottleneck_dir

  학습할 사진을 인셉션용 학습 데이터로 변환해서 저장해둘 디렉터리

- --model_dir

  인셉션 모델을 내려받을 경로

- --output_graph

  학습된 모델(.pb)을 저장할 경로

- --output_labels

  레이블 이름들을 저장해둘 파일 경로

- --image_dir

  원본 이미지 경로

- --how_many_training_steps

  반복 학습 횟수

스크립트를 실행하면 다음 메시지와 함께 학습이 이뤄집니다.

```
2017-05-20 20:25:08.535808: Step 970: Train accuracy = 92.0%
2017-05-20 20:25:08.535894: Step 970: Cross entropy = 0.345543
2017-05-20 20:25:08.630936: Step 970: Validation accuracy = 93.0% (N=100)
2017-05-20 20:25:09.510444: Step 980: Train accuracy = 92.0%
2017-05-20 20:25:09.510510: Step 980: Cross entropy = 0.270596
2017-05-20 20:25:09.597645: Step 980: Validation accuracy = 94.0% (N=100)
2017-05-20 20:25:10.464174: Step 990: Train accuracy = 94.0%
2017-05-20 20:25:10.464248: Step 990: Cross entropy = 0.206231
2017-05-20 20:25:10.553712: Step 990: Validation accuracy = 95.0% (N=100)
2017-05-20 20:25:11.370751: Step 999: Train accuracy = 93.0%
2017-05-20 20:25:11.370823: Step 999: Cross entropy = 0.268277
2017-05-20 20:25:11.461338: Step 999: Validation accuracy = 90.0% (N=100)
Final test accuracy = 87.3% (N=387)
Converted 2 variables to const ops.
```

## 11.3 예측 스크립트

❶ retrain.py 파일이 있는 텐서플로 저장소에는 이미지를 예측하는 스크립트도 포함되어 있습니다. 이 스크립트를 바로 사용해도 되지만, 그 내용을 파악해두면 나중에 활용하기가 좋을 것입니다. 따라서 간략화한 버전을 작성하면서 어떤 내용으로 채워져 있는지 알아보겠습니다.

```
import tensorflow as tf
import matplotlib.pyplot as plt
import matplotlib.image as mpimg
import sys
```

matplotlib 라이브러리는 맨 마지막에 예측 결과가 맞는지 눈으로 확인할 수 있도록 이미지를 출력하는 데 사용합니다.

> **NOTE** 이미지 처리에 pillow 라이브러리가 필요하니 pip3 install pillow 명령으로 미리 설치해 두세요.

❷ 다음으로 텐서플로의 유용한 모듈인 app.flags를 사용해 스크립트에서 받을 옵션과 기본값을 설정합니다. tf.app 모듈을 사용하면 터미널이나 명령 프롬프트에서 입력받는 옵션을 쉽게 처리할 수 있습니다.

```
tf.app.flags.DEFINE_string("output_graph",
                           "./workspace/flowers_graph.pb",
                           "학습된 신경망이 저장된 위치")
tf.app.flags.DEFINE_string("output_labels",
                           "./workspace/flowers_labels.txt",
                           "학습할 레이블 데이터 파일")
tf.app.flags.DEFINE_boolean("show_image",
                            True-,
```

```
                    "이미지 추론 후 이미지를 보여줍니다.")

FLAGS = tf.app.flags.FLAGS
```

앞서 설명드린 방법으로 retrain.py로 학습을 진행하면 workspace 디렉터리의 flowers_labels.txt 파일에 꽃의 이름들을 전부 저장해두게 됩니다. 한 줄에 하나씩 들어가 있고, 줄번호를 해당 꽃 이름의 인덱스로 하여 학습을 진행합니다(정확히는 인덱스는 줄번호 − 1입니다. 배열의 인덱스는 0부터 시작하니까요).

```
# flowers_labels.txt
daisy
dandelion
roses
sunflowers
tulips
```

그리고 예측 후 출력하는 값은 다음과 같이 모든 인덱스에 대해 총합이 1인 확률을 나열한 softmax 값입니다.

```
#   daisy     dandelion    roses     sunflowers   tulips
[ 0.65098846  0.1175265   0.01479027  0.20992769  0.00676709]
```

❸ 다시 코드로 돌아가겠습니다. 일단 테스트 결과를 확인할 때 사용하기 위해 파일에 담긴 꽃 이름들을 가져와 배열로 저장해둡니다. 이름을 출력하는 데 사용할 것입니다.

```
def main(_):
    labels = [line.rstrip() for line in tf.gfile.GFile(
            FLAGS.output_labels)]
```

❹ retrain.py를 실행해 학습이 끝나면 flowers_graph.pb 파일이 생성됩니다. 학습 결과를 **프로토콜 버퍼**<sup>Protocol Buffers</sup>라는 데이터 형식으로 저장해둔 파일입니다. 꽃 사진 예측을 위해 이 파일을 읽어 들여 신경망 그래프를 생성할 것입니다. 물론 텐서플로를 이용하면 이 작업 역시 다음과 같이 매우 쉽게 할 수 있습니다.

```python
with tf.gfile.FastGFile(FLAGS.output_graph, 'rb') as fp:
    graph_def = tf.GraphDef()
    graph_def.ParseFromString(fp.read())
    tf.import_graph_def(graph_def, name='')
```

❺ 그런 다음 읽어 들인 신경망 모델에서 예측에 사용할 텐서를 지정합니다. 저장되어 있는 모델에서 최종 출력층은 'final_result:0'이라는 이름의 텐서입니다. 이 텐서를 가져와 예측에 사용할 것입니다.

```python
with tf.Session() as sess:
    logits = sess.graph.get_tensor_by_name('final_result:0')
```

❻ 그리고 예측 스크립트를 실행할 때 주어진 이름의 이미지 파일을 읽어 들인 뒤, 그 이미지를 예측 모델에 넣어 예측을 실행합니다. 다음 코드의 'DecodeJpeg/contents:0'은 이미지 데이터를 입력값으로 넣을 플레이스홀더의 이름입니다.

```python
image = tf.gfile.FastGFile(sys.argv[1], 'rb').read()
prediction = sess.run(logits,
                      {'DecodeJpeg/contents:0': image})
```

프로토콜 버퍼 형식으로 저장되어 있는 다른 모델들도 이와 같은 방법으로 쉽게 읽어 들여 사용할 수 있습니다. 모델을 읽어 들이고 예측하는 코드는 이것이 전부

입니다.

❼ 그럼 이제 예측 결과를 출력하는 코드를 작성해보겠습니다. 다음 코드로 앞에서 읽어온 레이블(꽃 이름)들에 해당하는 모든 예측 결과를 출력합니다.

```python
print('=== 예측 결과 ===')
for i in range(len(labels)):
    name = labels[i]
    score = prediction[0][i]
    print('%s (%.2f%%)' % (name, score * 100))
```

NOTE 확률이 가장 높은 결과 하나만 출력하려면 앞의 코드 대신 다음 코드를 사용하면 됩니다.

```python
print('=== 예측 결과 ===')
top_result = int(np.argmax(prediction[0]))
name = labels[top_result]
score = prediction[0][top_result]
print('%s (%.2f%%)' % (name, score * 100))
```

❽ 그리고 다음 코드는 주어진 이름의 이미지 파일을 matplotlib 모듈을 이용해 출력합니다.

```python
if FLAGS.show_image:
    img = mpimg.imread(sys.argv[1])
    plt.imshow(img)
    plt.show()
```

❾ 마지막으로 스크립트 실행 시 주어진 옵션들과 함께 main() 함수를 실행하는 코드를 작성해줍니다.

```
if __name__ == "__main__":
    tf.app.run()
```

자, 그럼 실행은 어떻게 할까요? 터미널이나 명령 프롬프트를 연 뒤 predict.

py 스크립트 파일이 있는 곳에서 다음 명령을 실행하면 됩니다.

```
C:\> python predict.py workspace/flower_photos/roses/3065719996_
c16ecd5551.jpg
```

제 예측 결과와 이미지는 다음처럼 나왔습니다. 매우 정확하네요!

```
=== 예측 결과 ===
daisy (0.30%)
dandelion (0.34%)
roses (96.37%)
sunflowers (0.24%)
tulips (2.76%)
```

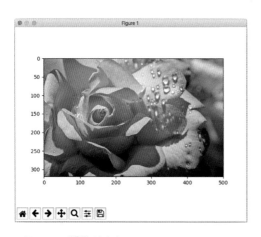

그림 11-2  예측한 이미지

이처럼 구글이 공개한 인셉션 모델과 스크립트를 사용하면 매우 뛰어난 수준의 이미지 분류 프로그램을 아주 쉽게 만들 수 있습니다. 지금까지는 단순히 학습을 위한 예제들을 실행해보았다면, 이제 실전으로 가족이나 연인의 사진, 또는 친구나 연예인 사진을 모아 분류해보는 것은 어떨까요? 독자 여러분의 재미있는 아이디어와 결과물들을 기대해봅니다. :-)

### 전체 코드

```
❶ import tensorflow as tf
   import matplotlib.pyplot as plt
   import matplotlib.image as mpimg
   import sys

❷ tf.app.flags.DEFINE_string("output_graph",
                              "./workspace/flowers_graph.pb",
                              "학습된 신경망이 저장된 위치")
   tf.app.flags.DEFINE_string("output_labels",
                              "./workspace/flowers_labels.txt",
                              "학습할 레이블 데이터 파일")
   tf.app.flags.DEFINE_boolean("show_image",
                               True,
                               "이미지 추론 후 이미지를 보여줍니다.")

   FLAGS = tf.app.flags.FLAGS


❸ def main(_):
       labels = [line.rstrip() for line in tf.gfile.GFile(
                 FLAGS.output_labels)]

❹     with tf.gfile.FastGFile(FLAGS.output_graph, 'rb') as fp:
           graph_def = tf.GraphDef()
           graph_def.ParseFromString(fp.read())
           tf.import_graph_def(graph_def, name='')
```

```
⑤    with tf.Session() as sess:
         logits = sess.graph.get_tensor_by_name('final_result:0')
⑥        image = tf.gfile.FastGFile(sys.argv[1], 'rb').read()
         prediction = sess.run(logits,
                        {'DecodeJpeg/contents:0': image})

⑦    print('=== 예측 결과 ===')
     for i in range(len(labels)):
         name = labels[i]
         score = prediction[0][i]
         print('%s (%.2f%%)' % (name, score * 100))

⑧    if FLAGS.show_image:
         img = mpimg.imread(sys.argv[1])
         plt.imshow(img)
         plt.show()


⑨if __name__ == "__main__":
     tf.app.run()
```

## 11.4 더 보기

텐서플로 모델 저장소(https://github.com/tensorflow/models)에는 이 외에도 다양한 모델이 공개되어 있으니 한번 살펴보기 바랍니다. 다음 그림은 그 중 물체 검출 API(Object Detection API) 모델의 예입니다. 그림에서 물체들을 검출해 그 종류와 확률을 표시해주는 모습을 확인할 수 있습니다.

그림 11-3 물체 검출 API 모델 예제

# 딥마인드가 개발한 강화학습 DQN

# 딥마인드가 개발한
## 강화학습
## DQN

　2016년을 딥러닝의 해로 만든 것은 알파고였다고 할 정도로 알파고가 가져온 충격은 정말 굉장했습니다. 컴퓨터가 인간을 바둑으로 이기려면 수십 년은 더 기다려야 한다는 것이 중론이었는데, 그 모두의 예상을 뒤엎고 알파고가 이세돌 기사를 무려 4대 1로 이겼으니까 말이죠.

　딥마인드<sup>DeepMind</sup>는 바로 이 알파고를 만든 곳입니다. 놀라운 것은, 구글이 이 딥마인드들 2014년에 5,000억 원 가까운 가격으로 인수했는데, 당시 직원이 고작 50명 정도였습니다. 딥마인드의 인공지능 기술을 높이 평가한 것이죠.

　DQN은 그런 딥마인드에서 만든 신경망입니다. DQN은 게임 화면만 보고 게임을 학습하는 신경망으로, 2014년에 공개하였습니다. 딥마인드에서 이 DQN으로 아타리 2600용 비디오 게임 49개를 학습시킨 결과, 모두 잘 학습하여 플레이했고 그중 29개에서는 사람의 평균 기록보다 높은 점수를 보였다고 합니다. 또한 2016년을 뜨겁게 달군 알파고 역시 이 모델과 유사한 방식이 사용되었습니다.

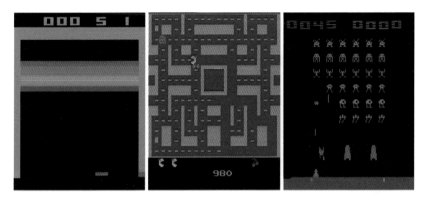

그림 12-1  아타리 게임 스크린샷 출처: OpenAI Gym

 이번 장에서는 DQN의 개념을 간단히 살펴보고 직접 구현한 뒤, 간단한 게임
을 학습시켜보겠습니다.

## 12.1 DQN 개념

 DQN은 Deep Q-network의 줄임말인데, 강화학습 알고리즘으로 유명한
Q-러닝<sup>Q-learning</sup>을 딥러닝으로 구현했다는 의미입니다.

 **강화학습**<sup>reinforcement learning</sup>이란 어떤 환경에서 인공지능 에이전트가 현재 상태(환
경)를 판단하여 가장 이로운 행동을 하게 만드는 학습 방법입니다. 학습 시 이로
운 행동을 하면 보상을 주고 해로운 행동을 하면 페널티를 줘서, 학습이 진행될수
록 이로운 행동을 점점 많이 하도록 유도합니다. 즉, 누적된 이득이 최대가 되게
행동하도록 학습이 진행됩니다.

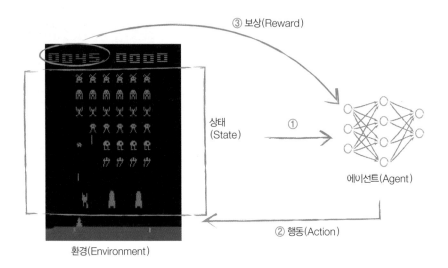

③ 보상(Reward)

상태
(State)

①

에이전트(Agent)

② 행동(Action)

환경(Environment)

**그림 12-2** 강화학습 기본 개념

Q-러닝은 어떠한 상태에서 특정 행동을 했을 때의 가치를 나타내는 함수인
**Q 함수**를 학습하는 알고리즘입니다. 즉, 특정 상태에서 이 함수의 값이 최대가 되
는 행동을 찾도록 학습하면 그 상태에서 어떤 행동을 취해야 할지 알 수 있게 됩
니다. 그리고 이 Q 함수를 신경망을 활용해 학습하게 한 것이 바로 DQN입니다.

하지만 Q-러닝을 신경망으로 구현하면 학습이 상당히 불안정해진다고 합니다.
이에 딥마인드에서는 다음의 두 방법을 사용하여 이 문제를 해결했다고 합니다.

먼저 과거의 상태를 기억한 뒤 그중에서 임의의 상태를 뽑아 학습시키는 방법을
사용합니다. 이렇게 하면 특수한 상황에 치우치지 않도록 학습시킬 수 있어서 더
좋은 결과를 내는 데 도움이 된다고 합니다.

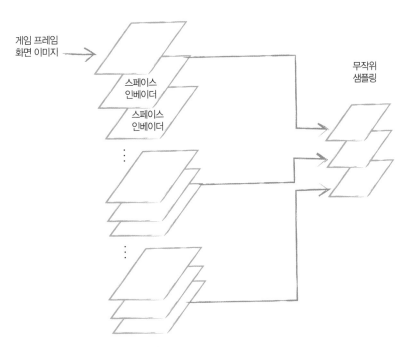

게임 프레임
화면 이미지

스페이스
인베이더

스페이스
인베이더

무작위
샘플링

그림 12-3 상태 기억 및 랜덤 샘플링

두 번째로는 손실값 계산을 위해 학습을 진행하면서 최적의 행동을 얻어내는 **기본 신경망**과 얻어낸 값이 좋은 선택인지 비교하는 **목표**<sup>target</sup> **신경망**을 분리하는 방법을 사용합니다. 그리고 목표 신경망은 계속 갱신하는 것이 아니라, 기본 신경망의 학습된 결괏값을 일정 주기마다 목표 신경망에 갱신해줍니다.

그리고 DQN은 화면의 상태, 즉 화면 영상만으로 게임을 학습합니다. 따라서 이미지 인식에 뛰어난 CNN을 사용하여 신경망 모델을 구성하였습니다.

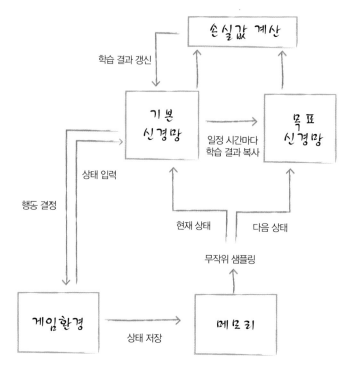

그림 12-4 DQN 기본 개념

## 12.2 게임 소개

인공지능을 연구하는 회사 중 OpenAI라는 비영리 회사가 있습니다. OpenAI
는 인공지능의 발전을 위해, 다양한 실험을 할 수 있는 Gym(https://gym.
openai.com/)이라는 강화학습 알고리즘 개발 도구를 제공하고 있습니다. 이
도구를 이용하면 아타리 게임들을 쉽게 구동할 수 있습니다. 다만, 아타리 게임을
학습시키려면 매우 성능 좋은 컴퓨터가 필요하고 시간도 아주 오래 걸립니다.

시간이 너무 오래 걸리는 환경은 공부용으로 적절하지 않으므로, 제가 학습을
빠르게 시켜볼 수 있는 간단한 게임을 만들어두었습니다.

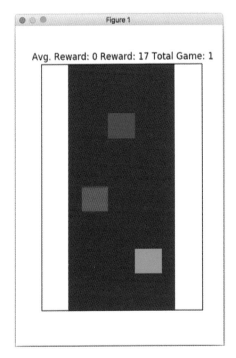

그림 12-5 학습에 사용할 게임 화면

[그림 12-5]가 그 주인공으로, 아래로 떨어지는 물체를 피하는 간단한 게임입니다. 검정색 배경은 도로, 사각형은 자동차, 그리고 녹색 사각형을 자율주행차라고 상상하시면 더욱 재미있게 즐길 수 있을 것입니다. :-)

소스는 제가 공개해둔 깃허브 저장소에서 내려받을 수 있습니다(https://goo.gl/VQ9JDT). 저장소에서 game.py 파일을 내려받아, 앞으로 에이전트를 구현할 소스를 저장할 디렉터리에 같이 저장해주세요.

이 게임의 인터페이스는 일부러 OpenAI Gym과 거의 같게 만들었으니 이번 장에서 배운 내용을 Gym에서 제공하는 아타리 게임들에도 어렵지 않게 적용해볼 수 있을 것입니다.

자, 그러면 이제 신경망을 이용하여 게임의 현재 상태를 토대로 이로운 행동을 선택하는 인공지능 에이전트를 만들어보겠습니다.

## 12.3 에이전트 구현하기

에이전트는 게임의 상태를 입력받아 신경망으로 전달하고 신경망에서 판단한 행동을 게임에 적용해서 다음 단계로 진행합니다. 그러므로 에이전트가 어떤 식으로 작동하는지 알아야 신경망 구현 시 이해가 더 수월할 것이라, 신경망 모델을 구현하기 전에 에이전트부터 구현하겠습니다.

❶ 먼저 필요한 모듈을 임포트합니다. Game 모듈은 앞서 말씀드린 저장소에서 내려받은 game.py 파일에 정의된 게임 클래스입니다. 이 모듈은 게임을 진행하고 필요 시 matplotlib을 써서 게임 상태를 화면에 출력해줍니다. DQN 모듈은 다음 절에서 구현할 신경망 모델입니다.

```
import tensorflow as tf
import numpy as np
import random
import time

from game import Game
from model import DQN
```

❷ 에이전트는 학습 모드(train)와 게임 실행 모드(replay)로 나뉩니다. 학습 모드 때는 게임을 화면에 보여주지 않은 채 빠르게 실행하여 학습 속도를 높이고, 게임 실행 모드에서는 학습한 결과를 이용해서 게임을 진행하면서 화면에도 출력해줍니다.

이를 위해 에이전트 실행 시 모드를 나누어 실행할 수 있도록 tf.app.flags를 이용해 실행 시 받을 옵션들을 설정합니다.

```
tf.app.flags.DEFINE_boolean("train", False,
                            "학습모드. 게임을 화면에 보여주지 않습니다.")
FLAGS = tf.app.flags.FLAGS
```

❸ 다음은 하이퍼파라미터들을 설정합니다.

```
MAX_EPISODE = 10000
TARGET_UPDATE_INTERVAL = 1000
TRAIN_INTERVAL = 4
OBSERVE = 100
```

MAX_EPISODE는 최대로 학습할 게임 횟수이고, TRAIN_INTERVAL = 4는 게임 4프레임(상태)마다 한 번씩 학습하라는 이야기입니다. 그리고 OBSERVE는 일정 수준의 학습 데이터가 쌓이기 전에는 학습하지 않고 지켜보기만 하라는 이야기입니다. 학습 데이터가 적을 때는 학습을 진행해도 효과가 크지 않기 때문입니다. 여기서는 100번의 프레임이 지난 뒤부터 학습을 진행합니다.

TARGET_UPDATE_INTERVAL은 학습을 일정 횟수만큼 진행할 때마다 한 번씩 목표 신경망을 갱신하라는 옵션입니다. 앞서 말씀드렸듯이 DQN은 안정된 학습을 위해, 학습을 진행하면서 최적의 행동을 얻어내는 기본 신경망과 얻어낸 값이 좋은 선택인지 비교하는 목표 신경망이 분리되어 있습니다. 가장 최근의 학습 결과나 아주 오래된 학습 결과로 현재의 선택을 비교한다면 적절한 비교가 되지 않을 것입니다. 따라서 적당한 시점에 최신의 학습 결과로 목표 신경망을 갱신해줘야 합니다.

❹ 다음은 게임 자체에 필요한 설정입니다. 떨어지는 물건을 좌우로 움직이면서

피하는 게임이므로 취할 수 있는 행동은 좌, 우, 상태유지, 이렇게 세 가지입니다. 또한 게임 화면은 가로 6칸, 세로 10칸으로 설정하였습니다. 원래 이 설정은 Game 모듈에 들어있는 것이 맞지만, 이해를 위해 에이전트에 넣었습니다.

```
NUM_ACTION = 3    # 행동 - 0: 좌, 1: 유지, 2: 우
SCREEN_WIDTH = 6
SCREEN_HEIGHT = 10
```

앞서 말씀드린 것처럼 에이전트는 학습시키는 부분과 학습된 결과로 게임을 실행해보는 두 부분으로 나뉘어 있습니다. 학습 부분부터 만들어보겠습니다.

❺ 먼저 텐서플로 세션과 게임 객체, 그리고 DQN 모델 객체를 생성합니다. 게임 객체에는 화면 크기를 넣어주고, 학습을 빠르게 진행하기 위해 게임을 화면에 출력하지 않을 것이므로 show_game 옵션을 False로 줍니다. DQN 객체에는 신경망을 학습시키기 위해 텐서플로 세션을 넣어주고, 화면을 입력받아 CNN을 구성할 것이므로 화면 크기를 넣어 초기 설정을 합니다. 그리고 가장 중요한 신경망의 최종 결괏값의 개수인 '선택할 행동의 개수(NUM_ACTION)'를 넣어줍니다.

```
def train():
    print('뇌세포 깨우는 중..')
    sess = tf.Session()

    game = Game(SCREEN_WIDTH, SCREEN_HEIGHT, show_game=False)
    brain = DQN(sess, SCREEN_WIDTH, SCREEN_HEIGHT, NUM_ACTION)
```

❻ 다음으로는 학습 결과를 저장하고 학습 상태를 확인하는 코드를 작성하겠습니다. 계속 작성해온 코드지만 다시 한번 간단하게 설명해보겠습니다.

```
rewards = tf.placeholder(tf.float32, [None])
tf.summary.scalar('avg.reward/ep.', tf.reduce_mean(rewards))

saver = tf.train.Saver()
sess.run(tf.global_variables_initializer())

writer = tf.summary.FileWriter('logs', sess.graph)
summary_merged = tf.summary.merge_all()
```

rewards라는 플레이스홀더는 에피소드(한 판)마다 얻는 점수를 저장하고 확인하기 위한 텐서입니다. 뒤에 나오겠지만, 에피소드 10번에 한 번씩 로그를 저장할 것이고, 그때 rewards의 평균을 저장할 것입니다. 그런 다음 학습 결과를 저장하기 위해 tf.train.Saver와 텐서플로 세션, 그리고 로그를 저장하기 위한 tf.summary.FileWriter 객체를 생성하고, 학습 상태를 확인하기 위한 값들을 모아서 저장하기 위한 텐서를 설정합니다.

❼ 그리고 목표 신경망을 한 번 초기화해줍니다. 아직 학습된 결과가 없으므로, 여기서 목표 신경망의 값은 초기화된 기본 신경망의 값과 같습니다.

```
brain.update_target_network()
```

❽ 다음에 설정하는 epsilon 값은 행동을 선택할 때 DQN을 이용할 시점을 정합니다. 학습 초반에는 DQN이 항상 같은 값만 내놓을 가능성이 높습니다. 따라서 일정 시간이 지나기 전에는 행동을 무작위로 선택해야 합니다. 이를 위해 게임 진행 중에 epsilon 값을 줄여나가는 코드를 넣을 것입니다.

```
epsilon = 1.0
```

다음은 학습 진행을 조절하기 위해 진행된 프레임(상태) 횟수와, 학습 결과를 확인하기 위해 점수들을 저장할 배열을 초기화하는 코드입니다.

```
time_step = 0
total_reward_list = []
```

❾ 이제 본격적으로 게임을 진행하고 학습시키는 부분을 작성하겠습니다. 앞서 설정한 MAX_EPISODE 횟수만큼 게임 에피소드를 진행하며, 매 게임을 시작하기 전에 초기화합니다.

```
for episode in range(MAX_EPISODE):
    terminal = False
    total_reward = 0

    state = game.reset()
    brain.init_state(state)
```

terminal은 게임의 종료 상태를 나타내며, total_reward는 한 게임당 얻은 총 점수입니다. game.reset()을 통해 게임의 상태를 초기화하고, 그 상태를 DQN에 초기 상탯값으로 넣어줍니다. 상태는 screen_width * screen_height 크기의 화면 구성입니다.

> NOTE 원래 DQN에서는 픽셀값들을 상탯값으로 받지만, 여기서 사용하는 Game 모듈에서는 학습 속도를 높이고자 해당 위치에 사각형이 있는지 없는지를 1과 0으로 전달합니다.

❿ 이제 게임 에피소드를 한 번 진행합니다. 녹색 사각형이 다른 사각형에 충돌할 때까지입니다.

게임에서 처음으로 해야 할 일은 다음에 취할 행동을 선택하는 일입니다. 앞서 설명한 이유로 학습 초반에는 행동을 무작위로 선택합니다. 그리고 일정 시간(에 피소드 100번)이 지난 뒤 epsilon 값을 조금씩 줄여갑니다. 그러면 초반에는 대부분 무작위 값을 사용하다가, 무작위 값을 사용하는 비율이 점점 줄어들어, 나중에는 거의 사용하지 않게 됩니다. 이 값들도 하이퍼파라미터이므로 실험적으로 잘 조절해야 합니다.

```python
while not terminal:
    if np.random.rand() < epsilon:
        action = random.randrange(NUM_ACTION)
    else:
        action = brain.get_action()

    if episode > OBSERVE:
        epsilon -= 1 / 1000
```

⓫ 그런 다음 앞서 결정한 행동을 이용해 게임을 진행하고, 보상과 게임의 종료 여부를 받아옵니다.

```python
state, reward, terminal = game.step(action)
total_reward += reward
```

⓬ 그리고 현재 상태를 신경망 객체에 기억시킵니다. 이 기억한 현재 상태를 이용해 다음 상태에서 취할 행동을 정합니다. 또한 여기서 저장한 상태, 행동, 보상들을 이용하여 신경망을 학습시킬 것입니다.

```python
brain.remember(state, action, reward, terminal)
```

❸ 현재 프레임이 100번(OBSERVE)이 넘으면 4프레임(TRAIN_INTERVAL)마다 한 번씩 학습을 진행합니다. 또한 1,000프레임(TARGET_UPDATE_INTERVAL)마다 한 번씩 목표 신경망을 갱신해줍니다.

```
    if time_step > OBSERVE and time_step % TRAIN_INTERVAL == 0:
        brain.train()

    if time_step % TARGET_UPDATE_INTERVAL == 0:
        brain.update_target_network()

    time_step += 1
```

❹ 사각형들이 충돌해 에피소드(게임)가 종료되면 획득한 점수를 출력하고 이번 에피소드에서 받은 점수를 저장합니다. 그리고 에피소드 10번마다 받은 점수를 로그에 저장하고, 100번마다 학습된 모델을 저장합니다.

```
    print('게임횟수: %d 점수: %d' % (episode + 1, total_reward))

    total_reward_list.append(total_reward)

    if episode % 10 == 0:
        summary = sess.run(summary_merged,
                           feed_dict={rewards: total_reward_list})
        writer.add_summary(summary, time_step)
        total_reward_list = []

    if episode % 100 == 0:
        saver.save(sess, 'model/dqn.ckpt', global_step=time_step)
```

여기까지가 학습을 시키는 에이전트 코드입니다. 설명이 덧붙여져서 굉장히 길게 느껴지겠지만, 실제로는 그렇지 않으니 전체 코드를 보면 더 쉽게 이해할 수 있을 것입니다.

⑮ 이제 학습 결과를 실행하는 함수를 작성하겠습니다. 결과를 실행하는
replay() 함수는 학습 부분만 빠져있을 뿐 train() 함수와 거의 같습니다. 한 가
지 주의할 점은 텐서플로 세션을 새로 생성하지 않고, tf.train.Saver()로 저장
해둔 모델을 읽어와서 생성해야 한다는 것입니다.

```python
def replay():
    print('뇌세포 깨우는 중..')
    sess = tf.Session()

    game = Game(SCREEN_WIDTH, SCREEN_HEIGHT, show_game=True)
    brain = DQN(sess, SCREEN_WIDTH, SCREEN_HEIGHT, NUM_ACTION)

    saver = tf.train.Saver()
    ckpt = tf.train.get_checkpoint_state('model')
    saver.restore(sess, ckpt.model_checkpoint_path)
```

⑯ 다음은 게임을 진행하는 부분입니다. 학습 코드가 빠져있어 매우 단순합니다.
코드를 읽어보면 매우 쉽게 이해할 수 있을 것입니다. 다만, 게임 진행을 인간이
인지할 수 있는 속도로 보여주기 위해 마지막 부분에 time.sleep(0.3) 코드를
추가했다는 것만 주의해주세요.

```python
    for episode in range(MAX_EPISODE):
        terminal = False
        total_reward = 0

        state = game.reset()
        brain.init_state(state)

        while not terminal:
            action = brain.get_action()
```

```
        state, reward, terminal = game.step(action)
        total_reward += reward

        brain.remember(state, action, reward, terminal)

        time.sleep(0.3)

    print('게임횟수: %d 점수: %d' % (episode + 1, total_reward))
```

⑰ 마지막으로 스크립트 학습용으로 실행할지, 학습된 결과로 게임을 진행할지 선택하는 부분입니다. 이는 터미널이나 명령 프롬프트에서 스크립트를 실행할 때 train 옵션을 받아 정하게 했습니다.

```
def main(_):
    if FLAGS.train:
        train()
    else:
        replay()


if __name__ == '__main__':
    tf.app.run()
```

이것으로 에이전트 구현을 완료했습니다. 에이전트가 어떤 역할을 하는지 감을 잡으셨나요?

### 전체 코드

```
❶import tensorflow as tf
  import numpy as np
  import random
  import time
```

```
      from game import Game
      from model import DQN

❷ tf.app.flags.DEFINE_boolean("train", False,
                                "학습모드. 게임을 화면에 보여주지 않습니다.")
   FLAGS = tf.app.flags.FLAGS

❸ MAX_EPISODE = 10000
   TARGET_UPDATE_INTERVAL = 1000
   TRAIN_INTERVAL = 4
   OBSERVE = 100

❹ NUM_ACTION = 3
   SCREEN_WIDTH = 6
   SCREEN_HEIGHT = 10

❺ def train():
       print('뇌세포 깨우는 중..')
       sess = tf.Session()

       game = Game(SCREEN_WIDTH, SCREEN_HEIGHT, show_game=False)
       brain = DQN(sess, SCREEN_WIDTH, SCREEN_HEIGHT, NUM_ACTION)

❻     rewards = tf.placeholder(tf.float32, [None])
       tf.summary.scalar('avg.reward/ep.', tf.reduce_mean(rewards))

       saver = tf.train.Saver()
       sess.run(tf.global_variables_initializer())

       writer = tf.summary.FileWriter('logs', sess.graph)
       summary_merged = tf.summary.merge_all()

❼     brain.update_target_network()

❽     epsilon = 1.0
       time_step = 0
       total_reward_list = []

❾     for episode in range(MAX_EPISODE):
           terminal = False
```

```
        total_reward = 0

        state = game.reset()
        brain.init_state(state)

⑩      while not terminal:
            if np.random.rand() < epsilon:
                action = random.randrange(NUM_ACTION)
            else:
                action = brain.get_action()

            if episode > OBSERVE:
                epsilon -= 1 / 1000

⑪          state, reward, terminal = game.step(action)
            total_reward += reward

⑫          brain.remember(state, action, reward, terminal)

⑬          if time_step > OBSERVE and time_step % TRAIN_INTERVAL == 0:
                brain.train()

            if time_step % TARGET_UPDATE_INTERVAL == 0:
                brain.update_target_network()

            time_step += 1

⑭      print('게임횟수: %d 점수: %d' % (episode + 1, total_reward))

        total_reward_list.append(total_reward)

        if episode % 10 == 0:
            summary = sess.run(summary_merged,
                               feed_dict={rewards: total_reward_list})
            writer.add_summary(summary, time_step)
            total_reward_list = []

        if episode % 100 == 0:
            saver.save(sess, 'model/dqn.ckpt', global_step=time_step)
```

```
⑮def replay():
    print('뇌세포 깨우는 중..')
    sess = tf.Session()

    game = Game(SCREEN_WIDTH, SCREEN_HEIGHT, show_game=True)
    brain = DQN(sess, SCREEN_WIDTH, SCREEN_HEIGHT, NUM_ACTION)

    saver = tf.train.Saver()
    ckpt = tf.train.get_checkpoint_state('model')
    saver.restore(sess, ckpt.model_checkpoint_path)

⑯    for episode in range(MAX_EPISODE):
        terminal = False
        total_reward = 0

        state = game.reset()
        brain.init_state(state)

        while not terminal:
            action = brain.get_action()

            state, reward, terminal = game.step(action)
            total_reward += reward

            brain.remember(state, action, reward, terminal)

            time.sleep(0.3)

        print('게임횟수: %d 점수: %d' % (episode + 1, total_reward))

⑰def main(_):
    if FLAGS.train:
        train()
    else:
        replay()

if __name__ == '__main__':
    tf.app.run()
```

## 12.4 신경망 모델 구현하기

게임을 진행하고 신경망을 학습할 에이전트를 구현하였으니, 이제 이 장의 핵심인 DQN을 구현해보겠습니다. 지금까지의 코드와는 약간 다르게 구현했고 조금 복잡하지만, 개념별로 구별해뒀으니 그리 어렵지 않게 이해하실 수 있을 것입니다.

❶ 다음은 DQN 구현에 필요한 모듈들입니다.

```python
import tensorflow as tf
import numpy as np
import random
from collections import deque
```

❷ 지금까지 작성해온 코드와는 다르게 DQN은 파이썬 클래스로 작성했습니다. 과거의 상태들을 기억하고 사용하는 기능을 조금 더 구조적으로 만들고, 기능별로 나누어 이해와 수정을 쉽게 하기 위함입니다.

```python
class DQN:
    REPLAY_MEMORY = 10000
    BATCH_SIZE = 32
    GAMMA = 0.99
    STATE_LEN = 4
```

앞의 코드에서 설정한 하이퍼파라미터들의 의미는 다음과 같습니다.

- REPLAY_MEMORY – 학습에 사용할 플레이 결과를 얼마나 많이 저장해서 사용할 지를 정합니다.
- BATCH_SIZE – 한 번 학습할 때 몇 개의 기억을 사용할지를 정합니다. 미니배치의 크기입니다.

- GAMMA – 오래된 상태의 가중치를 줄이기 위한 하이퍼파라미터입니다.
- STATE_LEN – 한 번에 볼 프레임의 총 수입니다.

STATE_LEN이 조금 헷갈릴 텐데, 에이전트에서 DQN에 상태를 넘겨줄 때는 한 프레임의 상태만 넘겨줍니다. 다만, DQN이 상태를 받으면 해당 상태만이 아니라 STATE_LEN – 1개의 앞 상태까지 고려해서 현재의 상태로 만들어 저장합니다(그림 12-6). 즉, 이전 상태까지 고려하는 것입니다.

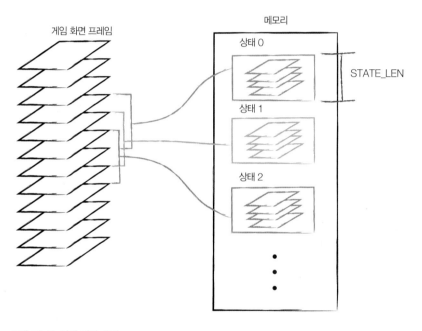

그림 12-6  상태 저장 방법

❸ 다음은 DQN 객체를 초기화하는 코드입니다. 텐서플로 세션과 가로/세로 크기, 그리고 행동의 개수를 받아 객체를 초기화합니다.

```
def __init__(self, session, width, height, n_action):
    self.session = session
    self.n_action = n_action
    self.width = width
    self.height = height
    self.memory = deque()
    self.state = None
```

self.memory = deque()는 게임 플레이 결과를 저장할 메모리를 민드는 코드입니다. collections 모듈의 deque() 함수로 만들어진 객체는 배열과 비슷하지만, 맨 처음 들어간 요소를 쉽게 제거해주는 popleft 함수를 제공합니다. 저장할 기억의 개수를 제한하는 데 사용합니다.

❹ 그런 다음 DQN에서 사용할 플레이스홀더들을 설정합니다.

```
self.input_X = tf.placeholder(tf.float32,
                              [None, width, height, self.STATE_LEN])
self.input_A = tf.placeholder(tf.int64, [None])
self.input_Y = tf.placeholder(tf.float32, [None])
```

각 변수는 다음 용도로 사용됩니다.

- input_X – 게임의 상태를 입력받습니다.
- input_A – 각 상태를 만들어낸 액션의 값을 입력받습니다.
- input_Y – 손실값 계산에 사용할 값을 입력받습니다.

input_X의 구조는 보는 바처럼 [게임판의 가로 크기, 게임판의 세로 크기, 게임 상태의 개수(현재+과거+과거..)] 형식입니다. input_A는 원-핫 인코딩이 아닌, 행동을 나타내는 숫자를 그대로 받아서 사용합니다. input_Y는 보상에 목표 신경망으로 구한 다음 상태의 Q 값을 더한 값입니다. 여기에서 학습 신경망에서 구한 Q 값을 뺀 값을 손실값으로 하여 학습을 진행합니다. Q 값은 행동에 따른 가치를 나타내는 값으로, 이때 목표 신경망에서 구한 Q 값은 구한 값 중 최대의 값(최적 행동)을 학습 신경망에서 구한 Q 값은 현재 행동에 따른 값을 사용합니다. 이렇게 하면 행동을 선택할 때 가장 가치가 높은 행동을 선택하도록 학습할 것입니다. 뒤에 나올 train 함수와 _build_op 함수의 Q_value 값들을 참조하세요.

❺ 다음으로 학습을 진행할 신경망과 목표 신경망을 구성합니다. 두 신경망은 구성이 같으므로 신경망을 구성하는 함수는 같은 것을 사용하되 이름만 다르게 지었습니다. 목표 신경망은 단순히 Q 값을 구하는 데만 사용하므로 손실값과 최적화 함수를 사용하지 않습니다.

```
self.Q = self._build_network('main')
self.cost, self.train_op = self._build_op()

self.target_Q = self._build_network('target')
```

NOTE 학습 신경망은 학습을 진행할 때마다 가중치들이 갱신되므로 학습 신경망이라고 하였습니다. 그리고 이 신경망이 실제 게임을 진행할 때 행동을 예측하는 데 사용하는 주 신경망입니다. 오히려 목표 신경망이 학습 시에만 보조적으로 사용하는 신경망입니다. 이름 때문에 학습에만 사용할 것이라고 오해할 수 있기에 첨언하였습니다.

❻ 다음의 _build_network는 앞서 나온 학습 신경망과 목표 신경망을 구성하는 함수입니다. 상탯값 input_X를 받아 행동의 가짓수만큼의 출력값을 만듭니다. 이 값들의 최댓값을 취해 다음 행동을 정할 것입니다.

```
def _build_network(self, name):
    with tf.variable_scope(name):
        model = tf.layers.conv2d(self.input_X, 32, [4, 4],
                                 padding='same', activation=tf.nn.relu)
        model = tf.layers.conv2d(model, 64, [2, 2],
                                 padding='same', activation=tf.nn.relu)
        model = tf.contrib.layers.flatten(model)
        model = tf.layers.dense(model, 512, activation=tf.nn.relu)

        Q = tf.layers.dense(model, self.n_action, activation=None)

    return Q
```

이 신경망 모델은 일반적인 간단한 CNN으로 되어 있습니다만, 특이한 점은 풀링 계층이 없다는 것입니다. 표현력을 높여 이미지의 세세한 부분까지 판단하도록 하기 위해서라고 합니다. 게임 환경에 따라 CNN의 필터 크기나 층수를 조절해야 좋은 결과를 얻을 수 있습니다.

❼ 다음은 DQN의 손실 함수를 구하는 부분입니다. 현재 상태를 이용해 학습 신경망으로 구한 Q_value와 다음 상태를 이용해 목표 신경망으로 구한 Q_value(input_Y)를 이용하여 손실값을 구하고 최적화합니다.

```
def _build_op(self):
    one_hot = tf.one_hot(self.input_A, self.n_action, 1.0, 0.0)
    Q_value = tf.reduce_sum(tf.multiply(self.Q, one_hot), axis=1)
    cost = tf.reduce_mean(tf.square(self.input_Y - Q_value))
    train_op = tf.train.AdamOptimizer(1e-6).minimize(cost)

    return cost, train_op
```

tf.multiply(self.Q, one_hot) 함수는 self.Q로 구한 값에서 현재 행동의 인

덱스에 해당하는 값만 선택하기 위해 사용합니다. one_hot에는 현재 행동의 인덱스에 해당하는 값에만 1이, 나머지에는 0이 들어있으므로 Q 값과 one_hot 값을 곱하면 현재 행동의 인덱스에 해당하는 값만 남고 나머지는 전부 0이 됩니다.

❽ 다음은 목표 신경망을 갱신하는 함수입니다. 기능은 간단합니다. 학습 신경망의 변수들의 값을 목표 신경망으로 복사해서 목표 신경망의 변수들을 최신 값으로 갱신하는 것입니다.

```python
def update_target_network(self):
    copy_op = []

    main_vars = tf.get_collection(
                    tf.GraphKeys.TRAINABLE_VARIABLES, scope='main')
    target_vars = tf.get_collection(
                    tf.GraphKeys.TRAINABLE_VARIABLES, scope='target')

    for main_var, target_var in zip(main_vars, target_vars):
        copy_op.append(target_var.assign(main_var.value()))

    self.session.run(copy_op)
```

❾ 다음의 get_action은 현재 상태를 이용해 다음에 취해야 할 행동을 찾는 함수입니다. _build_network 함수에서 계산한 Q_value를 이용합니다. 출력값이 원-핫 인코딩되어 있으므로 np.argmax 함수를 이용해 최댓값이 담긴 index 값을 행동값으로 취합니다.

```python
def get_action(self):
    Q_value = self.session.run(self.Q,
                        feed_dict={self.input_X: [self.state]})

    action = np.argmax(Q_value[0])
```

```
        return action
```

이것으로 학습에 필요한 텐서와 연산이 모두 준비되었습니다. 요약하자면 CNN을 사용한 신경망으로 Q_value를 구하고, 이 Q_value를 이용해 학습에 필요한 손실 함수를 만들었습니다. 그리고 DQN의 핵심인 목표 신경망을 학습 신경망의 값으로 갱신하는 함수와 Q_value를 이용해 다음 행동을 판단하는 함수를 만들었습니다.

❿ 그러면 이제 앞에서 작성한 텐서들로 학습을 시키는 코드를 작성하겠습니다.

먼저 _sample_memory 함수를 사용해 게임 플레이를 저장한 메모리에서 배치 크기만큼을 샘플링하여 가져옵니다(_sample_memory 함수 설명은 뒤에 나옵니다).

```
    def train(self):
        state, next_state, action, reward, terminal =
            self._sample_memory()
```

그런 다음 가져온 메모리에서 다음 상태를 만들어 목표 신경망에 넣어 target_Q_value를 구합니다. 현재 상태가 아닌 다음 상태를 넣는다는 점에 유의하세요.

```
        target_Q_value = self.session.run(self.target_Q,
                            feed_dict={self.input_X: next_state})
```

그리고 앞서 만든 손실 함수에 보상값을 입력합니다. 단, 게임이 종료된 상태라면 보상값을 바로 넣고, 게임이 진행 중이라면 보상값에 target_Q_value의 최댓값을 추가하여 넣습니다. 현재 상황에서의 최대 가치를 목표로 삼기 위함입니다.

```
Y = []
for i in range(self.BATCH_SIZE):
    if terminal[i]:
        Y.append(reward[i])
    else:
        Y.append(reward[i] + self.GAMMA *
            np.max(target_Q_value[i]))
```

마지막으로 AdamOptimizer를 이용한 최적화 함수에 게임 플레이 메모리에서 가져온 현재 상탯값들과 취한 행동, 그리고 앞서 구한 Y 값을 넣어 학습시킵니다.

```
self.session.run(self.train_op,
                feed_dict={
                    self.input_X: state,
                    self.input_A: action,
                    self.input_Y: Y
                })
```

여기까지가 DQN의 핵심 알고리즘을 코드로 구현한 것입니다. 아마 생각보다 간단해서 놀라셨을 수도 있고, 조금 복잡하게 느끼셨을 수도 있습니다. 조금 복잡하게 느껴졌더라도 실제로 코딩을 하면서 코드로 읽어보면 조금 더 쉽게 이해할 수 있을 것입니다.

이제 몇 가지 헬퍼 함수들을 만들고 구현을 마무리하겠습니다. init_state, remember, _sample_memory로, 학습에 사용할 상태값을 만들고, 메모리에 저장하고, 추출해오는 함수들입니다.

⓫ init_state는 현재의 상태를 초기화하는 함수입니다. DQN에서 입력값으로 사용할 상태는 게임판의 현재 상태 + 앞의 상태 몇 개를 합친 것입니다. 이를 입력값으로 만들기 위해 STATE_LEN 크기만큼의 스택으로 만들어둡니다.

```
def init_state(self, state):
    state = [state for _ in range(self.STATE_LEN)]
    self.state = np.stack(state, axis=2)
```

스택을 만들면서 axis=2 옵션을 준 것은 input_X를 넣을 플레이스홀더를 [None, width, height, self.STATE_LEN] 구성으로 만들었기 때문입니다. 즉, 상태들을 마지막 차원으로 쌓아올린 형태로 만들었기 때문입니다. 이렇게 해야 컨볼루션 계층을 손쉽게 이용할 수 있습니다.

⑫ 이어서 살펴볼 remember 함수는 게임 플레이 결과를 받아 메모리에 기억하는 기능을 수행합니다. 가장 오래된 상태를 제거하고 새로운 상태를 넣어 다음 상태로 만들어둡니다. 입력받은 새로운 상태가 DQN으로 취한 행동을 통해 만들어진 상태이므로 실제로는 다음 상태라고 볼 수 있기 때문입니다.

메모리에는 게임의 현재 상태와 다음 상태, 취한 행동과 그 행동으로 얻어진 보상, 그리고 게임 종료 여부를 저장해둡니다. 그리고 너무 오래된 과거까지 기억하려면 메모리가 부족할 수도 있고, 학습에도 효율적이지 않으므로 저장할 플레이 개수를 제한합니다.

```
def remember(self, state, action, reward, terminal):
    next_state = np.reshape(state, (self.width, self.height, 1))
    next_state = np.append(self.state[:, :, 1:], next_state, axis=2)

    self.memory.append((self.state, next_state, action, reward,
                        terminal))

    if len(self.memory) > self.REPLAY_MEMORY:
        self.memory.popleft()

    self.state = next_state
```

⑬ 이제 진짜 마지막입니다. _sample_memory 함수는 기억해둔 게임 플레이에서 임의의 메모리를 배치 크기만큼 가져옵니다. random.sample 함수를 통해 임의의 메모리를 가져오고, 그중 첫 번째 요소를 현재 상탯값으로, 두 번째를 다음 상탯값으로, 그리고 취한 행동, 보상, 게임 종료 여부를 순서대로 가져온 뒤 사용하기 쉽도록 재구성하여 넘겨줍니다.

```python
def _sample_memory(self):
    sample_memory = random.sample(self.memory, self.BATCH_SIZE)

    state = [memory[0] for memory in sample_memory]
    next_state = [memory[1] for memory in sample_memory]
    action = [memory[2] for memory in sample_memory]
    reward = [memory[3] for memory in sample_memory]
    terminal = [memory[4] for memory in sample_memory]

    return state, next_state, action, reward, terminal
```

자! 이제 모든 코드를 작성하였습니다. 여기까지 따라오느라 정말 수고 많으셨습니다. 다음 절에서는 실제로 학습을 시켜보겠습니다.

### 전체 코드

```python
① import tensorflow as tf
   import numpy as np
   import random
   from collections import deque

② class DQN:
       REPLAY_MEMORY = 10000
       BATCH_SIZE = 32
       GAMMA = 0.99
       STATE_LEN = 4
```

```
❸    def __init__(self, session, width, height, n_action):
          self.session = session
          self.n_action = n_action
          self.width = width
          self.height = height
          self.memory = deque()
          self.state = None

❹        self.input_X = tf.placeholder(tf.float32,
                                      [None, width, height, self.STATE_LEN])
          self.input_A = tf.placeholder(tf.int64, [None])
          self.input_Y = tf.placeholder(tf.float32, [None])

❺        self.Q = self._build_network('main')
          self.cost, self.train_op = self._build_op()

          self.target_Q = self._build_network('target')

❻    def _build_network(self, name):
          with tf.variable_scope(name):
              model = tf.layers.conv2d(self.input_X, 32, [4, 4],
                               padding='same', activation=tf.nn.relu)
              model = tf.layers.conv2d(model, 64, [2, 2],
                               padding='same', activation=tf.nn.relu)
              model = tf.contrib.layers.flatten(model)
              model = tf.layers.dense(model, 512, activation=tf.nn.relu)

              Q = tf.layers.dense(model, self.n_action, activation=None)

          return Q

❼    def _build_op(self):
          one_hot = tf.one_hot(self.input_A, self.n_action, 1.0, 0.0)
          Q_value = tf.reduce_sum(tf.multiply(self.Q, one_hot), axis=1)
          cost = tf.reduce_mean(tf.square(self.input_Y - Q_value))
          train_op = tf.train.AdamOptimizer(1e-6).minimize(cost)

          return cost, train_op

❽    def update_target_network(self):
```

```
        copy_op = []

        main_vars = tf.get_collection(tf.GraphKeys.
                                TRAINABLE_VARIABLES, scope='main')
        target_vars = tf.get_collection(tf.GraphKeys.
                                TRAINABLE_VARIABLES, scope='target')

        for main_var, target_var in zip(main_vars, target_vars):
            copy_op.append(target_var.assign(main_var.value()))

        self.session.run(copy_op)

    def get_action(self):
        Q_value = self.session.run(self.Q,
                            feed_dict={self.input_X: [self.state]})

        action = np.argmax(Q_value[0])

        return action

    def init_state(self, state):
        state = [state for _ in range(self.STATE_LEN)]
        self.state = np.stack(state, axis=2)

    def remember(self, state, action, reward, terminal):
        next_state = np.reshape(state, (self.width, self.height, 1))
        next_state = np.append(self.state[:, :, 1:], next_state, axis=2)

        self.memory.append((self.state, next_state, action, reward,
                            terminal))

        if len(self.memory) > self.REPLAY_MEMORY:
            self.memory.popleft()

        self.state = next_state

    def _sample_memory(self):
        sample_memory = random.sample(self.memory, self.BATCH_SIZE)

        state = [memory[0] for memory in sample_memory]
```

⑨ `def get_action(self):`

⑪ `def init_state(self, state):`

⑫ `def remember(self, state, action, reward, terminal):`

⑬ `def _sample_memory(self):`

```
        next_state = [memory[1] for memory in sample_memory]
        action = [memory[2] for memory in sample_memory]
        reward = [memory[3] for memory in sample_memory]
        terminal = [memory[4] for memory in sample_memory]

        return state, next_state, action, reward, terminal

⑩   def train(self):
        state, next_state, action, reward, terminal =
                            self._sample_memory()

        target_Q_value = self.session.run(self.target_Q,
                            feed_dict={self.input_X: next_state})

        Y = []
        for i in range(self.BATCH_SIZE):
            if terminal[i]:
                Y.append(reward[i])
            else:
                Y.append(reward[i] + self.GAMMA * np.max(
                                    target_Q_value[i]))

        self.session.run(self.train_op,
                        feed_dict={
                            self.input_X: state,
                            self.input_A: action,
                            self.input_Y: Y
                        })
```

## 12.5 학습시키기

학습시키기는 매우 간단합니다. 소스 파일이 있는 곳에서 터미널이나 명령 프롬
프트를 열고 다음 명령을 입력해주기만 하면 됩니다.

```
C:\> python agent.py --train
```

한 가지 주의할 것은 코드가 있는 곳에 logs와 model 디렉터리를 미리 만들어 둬야 합니다. 해당 디렉터리에 게임 점수에 대한 로그와 학습된 모델을 저장하기 때문입니다.

그럼 진짜로 실행해보시죠. 다음과 같은 메시지가 나타나면 학습을 잘 진행하고 있다는 뜻입니다.

```
뇌세포 깨우는 중..
게임횟수: 1 점수: -1
게임횟수: 2 점수: -1
게임횟수: 3 점수: 2
게임횟수: 4 점수: 0
게임횟수: 5 점수: 2
게임횟수: 6 점수: 0
게임횟수: 7 점수: 0
게임횟수: 8 점수: 11
게임횟수: 9 점수: 2
게임횟수: 10 점수: -1
...
```

2012년형 맥북프로를 사용하는 제 경우에는 약 3시간이 걸려 4,800판(에피소드) 정도를 진행한 후 최고 성능을 내기 시작했습니다. 실행 환경과 컴퓨터마다 차이가 있겠지만 꽤 오래 걸리니 느긋하게 기다려보시기 바랍니다.

다만, 학습이 어느 정도 진행되면 다음처럼 점수가 많이 나면서 한 에피소드가 끝나기까지 굉장히 오래 걸릴 것입니다. 코드를 간략하게 하기 위해 학습 횟수를 에피소드의 횟수로 정했기 때문에 영원히 끝나지 않을 수도 있습니다. :-) 학습된 모델을 중간중간 저장하고 있으니 어느 정도 적당한 수준이 됐다고 생각되면 Ctrl + C 를 눌러 강제로 종료하셔도 됩니다. 또는 코드를 수정해서 일정 횟수의 프레임이 지나면 종료하도록 만드셔도 됩니다. 제 경우 프레임이 약 180만 번 지난 후 최고 성능을 내었으니 참고하세요.

```
...
게임횟수: 4890  점수: 282
게임횟수: 4891  점수: 2696
게임횟수: 4892  점수: 1540
게임횟수: 4893  점수: 3206
게임횟수: 4894  점수: 537
게임횟수: 4895  점수: 3036
...
```

학습이 많이 진행되지 않았더라도 학습을 종료한 뒤 다음 명령을 이용하여 결과를 확인해볼 수 있습니다.

```
C:\> python agent.py
```

초기 단계에서도 한 번 해보고, 중간 단계, 또 학습이 많이 진행된 단계에서도 한 번 해보기 바랍니다. 또는 코드를 조금 수정해서 학습을 진행하면서 게임 화면을 볼 수도 있습니다. 게임이 잘 실행되어 점점 똑똑해지는 모습을 보면, 아마 지금까지의 고생을 다 보상받는 느낌이 드실 거라 믿어 의심치 않습니다. :-)

또한 텐서보드를 사용하면 언제부터 얼마나 똑똑해졌는지를 더 정확하게 확인해볼 수 있습니다. 다음 명령으로 텐서보드를 띄워 게임 점수가 높아지는 모습을 그래프로 확인해보세요.

```
C:\> tensorboard --logdir=./logs
```

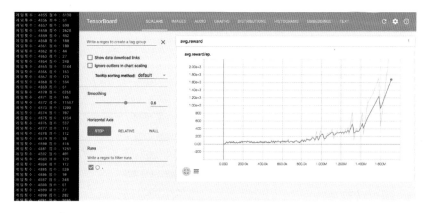

그림 12-7  텐서보드로 본 게임 점수 추이

## 12.6 더 보기

이 책의 목적은 수식 없이 딥러닝을 소개하는 것이어서 수식에 대한 자세한 설명은 넣지 않았습니다. 하지만 딥러닝을 본격적으로 하시려면 이론도 자세히 공부해두는 것이 좋습니다. 이번 장에서 소개한 강화학습과 DQN 역시 김성훈 교수님이 굉장히 좋은 내용의 강좌를 공개해주셨습니다. 이론을 더 깊게 공부해보고 싶은 분은 다음 강좌를 참고하세요.

- 강화학습 강좌 비디오 목록 – https://goo.gl/P5EP5a
- DQN 강좌 비디오 – https://goo.gl/Vnsn1W

| 찾 아 보 기 |

# 찾 아 보 기